国际石油公司的本质

［美］Basak Beyazay-Odemis 著

王天娇 赵 瞳 米林林 译

石油工业出版社

内 容 提 要

本书首先介绍了全球化、公司本质、纵向去一体化和行业整合人等基础理论，然后介绍了石油行业的整体状况，包括上下游部门及参与的公司，还详细讨论了石油行业的供应链特征、与其他行业的不同之处以及逐渐发生的变革。通过分析国际石油公司和油服公司之间的关系，阐述了油气行业中公司的本质，以及行业价值链的结构发生变化的方式和背后的原因，并列举了三个典型的实例。

本书适合石油行业的管理者、石油经济研究人员及对国际石油公司感兴趣的读者阅读和参考。

图书在版编目（CIP）数据

国际石油公司的本质／（美）巴斯克·贝亚扎－奥德姆斯（Basak Beyazay-Odemis）著；王天娇，赵曈，米林林译.—北京：石油工业出版社，2018.1

书名原文：the nature of the firm in the oil industry

ISBN 978-7-5183-2277-0

Ⅰ.①国… Ⅱ.①巴… ②王… ③赵… ④米… Ⅲ.①石油工业－工业企业管理－研究－世界 Ⅳ.① F416.22

中国版本图书馆 CIP 数据核字（2017）第 309041 号

The Nature of the Firm in the Oil Industry: International Oil Companies in Global Business
by Basak Beyazay-Odemis
ISBN：978-1-138-82684-7
© 2016 by Taylor & Francis Group, LLC
Routledge is an imprint of Taylor & Francis Group, an informa business
All Rights Reserved
Authorized translation from English language edition published by Routledge, an imprint of Taylor & Francis Group LLC.
本书经 Taylor & Francis Group, LLC 授权翻译出版并在中国大陆地区销售，简体中文版权归石油工业出版社有限公司所有，侵权必究。
Copies of this book sold without a Taylor & Francis sticker on the cover are unauthorized and illegal. 本书封面贴有 Taylor & Francis 公司防伪标签，无标签者不得销售。
北京市版权局著作权合同登记号：01-2016-0887

出版发行：石油工业出版社
（北京安定门外安华里 2 区 1 号 100011）
网　　址：www.petropub.com
编辑部：（010）64523546　图书营销中心：（010）64523633
经　　销：全国新华书店
印　　刷：北京中石油彩色印刷有限责任公司

2018 年 1 月第 1 版　2018 年 1 月第 1 次印刷
710×1000 毫米　开本：1/16　印张：10
字数：220 千字

定价：60.00 元
（如出现装质量问题，我社图书营销中心负责调换）
版权所有，翻印必究

序

近代石油工业的发展史，既是一部石油科技的进步史，也是一部行业价值链不断整合的演进史。石油开采作为一个涵盖勘探、开发、生产等多个环节的生产性行业，其业务涉及地震勘探、解释处理、钻井作业、地面工程、原油生产等多个领域，加之行业特有的高风险、高投入、长生产周期等特性，人们对石油开采行业价值链的理解不断深入，价值链整合持续进行，也导致了巨型石油公司和巨型油服公司的出现。大型油气公司的核心业务和竞争优势是什么，其价值创造和增值活动是如何进行的，也都与一般的生产制造业有着显著不同。

本书从探讨公司的本质这一角度入手，基于对经济学上关于公司性质的相关理论，对石油公司纵向去一体化和"石油公司—油服公司"协作模式的分析，阐述了在行业技术挑战不断增大，管理运作能力要求不断加强的情况下，石油公司对行业价值链梳理和整合的内在逻辑。

作为行业价值链中的核心企业，石油公司在保留其勘探核心技术的前提下，将大多数支持工作外包给油服公司，实行全球统一采购管理，通过与油服公司在全球层面整体的深度互动与合作，达成优化公司经营的目标。这种模式既剥离了公司的非核心业务，又将各项油服工作有机整合到一起，最终起到了石油公司价值最大化和多方共赢的效果。当然，这对石油公司的项目管理水平、商务运营能力要求极高。在当前国际石油合作环境愈加严苛、石油行业整体进入微利时代的大形势下，中国石油企业也在专业化重组的道路上不断探索，从中国石化的油服业务上市，到中国石油工程建设与油服板块的专业化重组，都是在对石油公司的核心业务与产业链上其他业务板块的功能定位与协作方式进行调整。本书探讨的国际石油公司与油服公司之间的合作模式，对今后我国石油企业的战略定位和改革方向，以及国际化道路上的发展，都具有一定的借鉴意义。

对于正在进行石油相关专业学习的研究生、本科生而言，本书对石油上游行业做了概览性的介绍，适合作为行业入门者的"枕头书"，通过阅读本书，读者将对石油行业上游产业链有一个全景式的认识；而对于从事石油行业及相关研究的专业人士，本书关于行业价值链的实践性研究，亦可为在我国现实环境下行业的发展与改革的内在逻辑与整体方向，起到一定的启示作用。

中石油专属财产保险股份有限公司董事长

译者前言

几年前，译者曾经参与一个大型国际合资项目，项目的前期合作和谈判分为技术组与商务组两条线，让人印象深刻的是，在谈判项目设计与采购初步方案的过程中，合作的各方公司在为项目提供自有专利、其他技术支持或推介其自身的战略联盟伙伴公司方面表现出极高程度的重视，这不禁使译者对背后的逻辑以及这一做法具体能怎样惠及各方产生了浓厚的兴趣。另一件引人思考的事，是各方对商务重视程度的差别。在中国当时的工作环境中，很多人并不理解商务（commercial）团队的具体工作，对于"商务人员"普遍定义为"联络人+各专业内容汇集向领导汇报的二传手+后勤"，而外方伙伴对商务工作给予高度重视，在项目风险调查的结论中，"商务类风险"的优先级甚至高于"技术类风险"。

现在，各资源国主权意识觉醒，常规资源获取成本加大，新兴储量发现开采难度上升，这些行业发展趋势使得跨国经营的石油公司单纯依赖"储产量+油价"模式的盈利能力日渐减弱，石油行业进入"微利时代"。在这样的大环境下，如何从整体层面提升企业的盈利能力和企业价值，成为每一个跨国经营的石油公司需要面对的重要课题。基于这种思考，《国际石油公司的本质》一书中强调的行业"供应链与价值链"的概念，进入了我们的视野：在投资项目中，优化企业的"供应链与价值链"，在项目前期谈判及后续运营管理过程中，更加重视"商务运作"，成为跨国经营石油公司海外投资的重要利润引擎。

我国跨国经营的石油企业，在对商务的重视程度以及商务人才的培养与储备方面，都存在一定的上升空间。商务是一项非常综合性的工作，需要从事人员具备技术、法律、财税、金融等方面的知识，重点在于知识结构的全面性。《国际石油公司的本质》是一本典型的商务类书籍，书中涉及相关的技术、法律、财税等内容，以帮助读者理解行业的商业环境。本书提供了国际范围的行业（上游）全貌概览，细述了行业供应链上各环节中的主要参与者及其定位、核心能力和盈利方式，使读者可以了解行业内各类公司所处的竞争环境，更加清晰地理解其投资逻辑和目标，包括获取资源、学习先进技术与管理经验等。另外，本书对供应链各环节主要参与公司的资深从业者进行访谈，给出了大量日常工作案例，这可以帮助读者理解供应链/价值链上各方的目的诉求，以及各方如何在合作中更好地为自己争取利益。同时，本书还拿出大量篇幅，从技术和商务角度分析BP公司墨西哥湾漏油事故这一行业经典案例。对于进行海外投资的企业，应该给自己在投资项目中以怎样的定位，在价值链中扮演何种角色、相应面对的责任和承担的风险，BP公司案例可以给出一个启发思考的起点。

在翻译过程中译者发现，作者在创作本书时，尽量使用通俗化的描述方式，译者认为作者旨在打破传统意义上各专业之间的壁垒，便于各类专业背景的读者理解与贯通。因此，译者尽量保持与原文一致的语言风格，降低阅读门槛，使本书可以适于有志于从事海外油气业务或商务、企业战略相关工作的行业从业者、进行国际石油行业发展趋势研究的人员和其他对国际石油行业感兴趣的广泛受众读者。

本书由王天娇、赵曈、米林林三位译者共同完成，其中王天娇与赵曈共同完成第二章的翻译工作，第三章由赵曈完成，第四章由王天娇完成，第一章和第五章由米林林完成。赵曈负责全书的统稿与校对。张跃雷、袁玉金、张亮、毛亮、杨树峰、高晓姝、李强、王筱雪、段一夫、于跃、曹远东、王宗英等也做了部分审稿与校对工作。

三位译者均长期从事海外投资与管理相关工作，本书的翻译反映了译者对以往工作经验的总结与思考，而在本书的选题与完成过程中，我们深切感受到从业以来共同工作过的各位领导、前辈和同事对我们的指导、点拨和帮助带给我们的成长和进步，没有他们的影响就不会有本书的引进和完成，在此向他们致以真诚的感谢！同时，本书的完成离不开石油工业出版社张镇总编辑、张贺编辑、王兴编辑以及各位工作人员的辛勤付出和帮助，对此我们唯有以严谨的态度尽力保障本书质量作为回馈，感谢他们认真负责的工作！

原书前言

在全球化的大背景下,公司的本质已经发生了改变。这种改变主要是过去几十年间整个工业结构的变革和由此带来的公司之间关系的演进而引起的。

在20世纪90年代的"全球商业革命"中,众多的公司并购活动驱动了行业整合,并造就了很多巨无霸公司。与此同时,随着一体化公司的"纵向去一体化"运动,各工业部门的价值链的参与主体都有了发展和扩张。关注"核心业务"的大型全球化公司取代了从前的纵向一体化公司模式。在这种环境下,公司的哪些业务活动可以变为外包,哪些业务活动应该自己直接经营,对这一问题的决策成了公司保持核心竞争力的关键。在一个迅速全球化的世界,通信和技术的发展极大地降低了跨国交流协调的难度,业务外包越来越受到青睐。公司也因此开始利用更加广阔的行业全球网络进行业务外包。同时为了保持竞争力,公司增加了对于自身价值链的协调和管控。这些趋势改变了公司的本质,模糊了公司的边界。大型公司纷纷开始扮演"行业整合人"的角色,承担整个供应链中的规划、协调和整合职责(Nolan,2000)。这些公司超越了所有权意义上的法律实体,开始组织协调自身业务外更广泛领域上的商业活动(Nolan等,2005)。理解公司本质的变化和公司在协调供应链时扮演的角色,有助于公司更好地确定其全球竞争战略。

本书针对理解石油❶行业中公司的本质做了粗浅的尝试,关注的重点——国际石油公司(IOCs,简称国际石油公司)属于世界上规模最大的公司,他们经营着一种极为重要的非制造型产品——石油,这一产品被应用于几乎全部的工业领域,从发电到汽车燃料、柏油沥青,到塑料制品和化妆品。与其他传统制造行业,如汽车制造业生产各种零部件并组装的模式不同,由于石油来自于自然界,石油行业的供应链中需要石油服务公司(OSCs,简称油服公司)的参与,帮助寻找、开采、生产和运输石油产品。不过,石油行业同其他行业一样,经历了从纵向一体

---

❶ 在本书中所有使用的"石油公司"和"石油"主要是为了便于阅读。实际上本书中大多数引述的公司是同时从事石油、天然气等碳氢化合物生产业务的。本书的分析和结论对石油和其他碳氢化合物产品均适用。

化经营模式向业务外包模式的转变。在外包模式下，国际石油公司通过与油服公司及其分包商签订外包合同来勘探和生产石油，而油服公司提供获取油藏数据的所需技术，开展服务于生产的钻井作业。由于新发现储量的开采难度不断增大，需要可以提供先进技术的供应/服务商，国际石油公司和油服公司的关系正在不断发生变化。因此现在对由纵向去一体化和行业结构的演进引发的行业变革进行分析，我们认为正当其时。

本书旨在探究石油行业供应链的变革趋势，以及这种变革给行业内公司的本质带来的影响。主要目的是通过分析国际石油公司和油服公司之间的关系，试图发现油气行业中公司的本质，以及行业价值链的结构发生变化的方式和背后的原因。最终目标是找出引起变革背后的主导力量，以及它对行业价值链和业内公司有何意义和启示。

当然，关于油气行业的研究涵盖范围广，课题宏大，方向众多。本书无意对油气行业供应链的每一方面都进行研究，仅希望通过本书的研究分析使读者更深入地理解行业内核心公司的协调、策划和整合人角色，以此阐明全球化商业变革带来的石油行业价值链的演进和发展。

本书将按如下顺序展开：第一章主要介绍全球化、公司本质、纵向去一体化和行业整合人等理论的文献综述，以及其中的关键概念。第二章通过介绍石油行业的上游和下游部门，以及行业内参与的公司，来描绘这一行业的全貌；这一章还会详细讨论石油行业的供应链，其独具的特征、与其他行业的不同之处以及逐渐发生的变革。第三章针对行业变革对国际石油公司的影响。通过对采购和研发等方面的研究，来探索国际石油公司和油服公司之间的关系，并对这种关系演变的方式和原因进行分析。第四章将通过3个案例对前面章节的分析给出例证，来完成前面章节的阐述。最后在第五章对油气行业中现代公司本质的演变做出总结。

目 录

第1章 全球价值链和公司本质的变革 ··· 1
  1.1 公司的本质 ·· 1
  1.2 公司本质的变化 ·· 3
    1.2.1 纵向去一体化 ·· 3
    1.2.2 外包 ·· 4
    1.2.3 核心公司的协调：供应链上的整合人 ·· 5
    1.2.4 核心公司对价值链的管理 ·· 8

第2章 石油价值链及其变革 ··· 12
  2.1 石油行业的价值链 ·· 12
    2.1.1 石油行业价值链中的公司 ·· 15
    2.1.2 石油行业价值链的特性 ·· 27
    2.1.3 石油行业价值链的独有特征 ·· 29
  2.2 石油行业价值链的演变 ·· 30
    2.2.1 外包的增加 ·· 30
    2.2.2 逐步进行的业务板块纵向剥离 ·· 33

第3章 国际石油公司—油服公司关系变化带来的影响 ································ 39
  3.1 国际石油公司和油服公司的关系 ·· 39
    3.1.1 行业动态关系：国际石油公司·国家石油公司·油服公司 ····················· 39
    3.1.2 国际石油公司和油服公司的经营模式 ·· 41
    3.1.3 国际石油公司与油服公司关系的基本情况 ···································· 48
    3.1.4 基于紧密合作的关系与基于市场公允价格的关系 ······························ 57
    3.1.5 国际石油公司的采购 ·· 59
    3.1.6 国家石油公司阴影下的双方关系 ·· 64
    3.1.7 联合公司内部的合作关系 ·· 67
  3.2 国际石油公司与油服公司关系的重要性 ·· 68
    3.2.1 投资水平显著 ·· 68

3.2.2 技术挑战 ·· 69
　　3.2.3 竞争还是合作 ·· 69
　3.3 油服行业的变化对整个价值链的影响 ····················· 73
　　3.3.1 对国际石油公司经营策略上的影响 ···················· 73
　　3.3.2 BP 公司墨西哥湾事件案例分析——对项目运营管理的
　　　　　影响与启示 ·· 73

第 4 章　案例分析：国际石油公司和油服公司在行业内各领域中的关系 ········· 92
　4.1 海上钻探服务 ·· 92
　　4.1.1 市场结构和主要参与者 ······························ 96
　　4.1.2 与国际石油公司的关系 ······························ 104
　4.2 物探服务 ·· 108
　　4.2.1 市场结构和主要参与者 ······························ 111
　　4.2.2 与国际石油公司的关系 ······························ 117
　4.3 油井服务 ·· 119
　　4.3.1 市场结构和主要参与者 ······························ 122
　　4.3.2 与国际石油公司关系 ································ 127

第 5 章　结论 ·· 139

附录：本书研究方法 ··· 146

第1章　全球价值链和公司本质的变革

1.1　公司的本质

自1937年Coase的论文《公司的本质》发表，学界兴起了竞争和互补两种理论来解释为什么个体不选择以一对一的形式，而是通过成立公司来在市场上进行交易。

在Coase之前的价格理论中，公司被视作具有生产同质产品职能的实体，将大量相同的原材料投入加工，生产出大量相同的产成品。从这个角度来看，公司只是一种理论上的纽带，它的存在解释了当有不同外在因素影响的情况下，商品价格和数量变化之间的关系（Langlois和Koppl，1991；Loasby，1976）。现实中，价格理论从未将公司视作一种组织或机构（Machlup，1967）。正因如此，价格理论被证明不能用于解释公司存在的意义、公司的边界和公司的内部结构（Langlois和Foss，1997）。

为了解释公司存在的必要性，Coase强调了交易成本的存在，这对价格理论是一种挑战。他强调成立公司的目的是避免价格机制的使用成本，换言之，避免他所提出的"交易成本"。按照Coase的理论，市场询价、市场营销、组织生产和合同谈判等都属于交易成本，正是这些交易成本的存在解释了公司是因何组建和发展的。相应地，公司存在的目的是为了降低在市场交易过程中签订的短期合同带来的交易成本和不确定性（Coase，1937）。

近来，Coase学派研究的重点方向是公司内部运营和外部市场采购，哪种选择能更好地实现经营目标，并将公司的本质视作一种基础性的契约关系，即公司就是用于创建和调整激励措施的一系列协议的总和（Langlois和Foss，1977；Williamson，2002）。然而，当前互补理论逐渐兴起，包括Edith Penrose提出的资源基础理论以及Langlois，Foss和Richardson等提出的核心能力视角理论。

在"资源"理论中Penrose（1959）提出，公司是对生产资源的一个汇总，处置这些生产资源产生的经济价值不仅源自对资源的占有，也源自对这些资源进行高效、创新性的管理。因此，对一个公司来说，最佳的成长方式是找到利用现有资源和发展新资源的平衡点（Penrose，1959）。

学界从"核心能力"视角出发提出了一个类似的理论，这一观点认为公司是用来存储特定非标准化的生产知识，即"核心能力"的场所，公司的"核心能力"被视作由其团队体现的，指代一种隐性的对专业知识的生产和组织，这种专业知识可由公司员工操作来创造经济价值。知识、技能和传统形成了一个公司独特的功能，并据此划定了公司的边界（Langlois 和 Foss，1997）。

"核心能力"观点的主要含义是，功能的互补性和相似性影响着公司的组织结构及公司和市场边界的划分（Richardson，1998）。核心能力形成了对不同模式经济组织的一个独立影响因素。核心能力视角理论以公司为核心研究对象，而不再是交易及其相关成本。这一理论强调，公司具备的设施和专业技能的独特性质是决定公司和市场分别应该从事哪些领域的最关键因素（Chandler，1992）。

在20世纪90年代早期，Coase 对他之前的理论做出了重大补充，他提出交易成本并不是影响公司形成的唯一因素（Coase，1990）。

"尽管交易成本毫无疑问地解释了公司形成的原因，但一旦通过公司来进行生产，大多数交易将会是公司之间的，而非要素之间的交易。在这种情况下，交易成本将会被极大地降低。此时，决定生产体制结构的首要因素就不再是交易成本，而是组织某一特别生产经营时不同公司的相关成本（Coase 引自 Langlois 和 Foss，1997，19）。"

一个公司策划和组织其他参与者进行经济活动的职能被称作"协调"职能。尽管许多竞争互补理论试图解释公司存在的原因，而本书为便于讨论石油行业中公司的本质，我们关注的公司的主要职能是这种"协调"职能。

对 Coase 有关公司本质的文章进行仔细研读后，会发现 Coase 对公司的出现给出的解释，最终落脚于公司的策划和协调职能（Langlois 和 Foss，1997）。

"由于人们对风险的态度，相对于短期合同，多数人更加偏好签订长期合同。如今，商品和服务的供应方式，使购买方越来越无法详细规定他们期望交易对手采取什么行动。供应商并不关注服务是如何具体开展的，而购买者对此十分关注，但购买者在采购时并不能确知他们希望服务如何实施。因此双方在合同中只做一般性的通用条款描述，具体细节将会留到以后去确定，合同中购买者仅对所购服务规定一些限制条件，供应商需要提供的产品或服务的各项细节并不体现在合同中，而是在以后由购买者具体确定。在合同范围内，供应商资源的管理和分配将依赖于购买方，双方的关系就是我所说的公司性契约。在短期契约不能满足实际需要的情况下，公司的出现成为可能（Coase，1937，391～392页）。"

Coase 同时认为，公司在行使协调职能时发生的成本只有同时低于市场外购

第1章 全球价值链和公司本质的变革

此类服务的成本和其他公司的类似成本时,公司才能存续下去。为了构建一个高效的经济体系,既需要外部的市场,也需要规模适当的组织来行使计划管理职能(Coase,1992)。

1.2 公司本质的变化

1.2.1 纵向去一体化

正如前面所论述的,公司的出现与计划和协调职能的必要性密切相关。一般来讲,公司的协调职能通常是指在公司内部协调各项生产要素,但行业价值链的变化(主要是纵向去一体化),导致了公司将这种协调职能扩展到了其法律边界之外,开始对整个行业价值链上的公司进行协调和组织(Nolan 等,2002)。

从历史上看,现代工业企业出现持续扩张是通过横向合并、纵向整合(主要是纵向一体化)和进入全新市场等方式。向后整合的战略主要体现了企业需求,即希望保证有稳定的生产原料供应通过生产线及分销网络,以便达到一种对自有的生产资源充分利用的状态(Chandler,1990)。从 1930 年到 1960 年,在大多数发达的资本主义国家都盛行福特主义❶。福特公司最终达到了内部供应汽车制造所需的一切,从原材料到产成品。福特公司采用纵向一体化策略主要有两个原因:首先,福特公司具备完善的大规模工业生产技术,将所有制造环节纳入公司内部可以获得显著的规模经济效益;第二,亨利福特本人对会计和财务持怀疑态度,加之当时的信息处理能力较弱,相比于外部市场采购,在公司内部对整个生产过程中的原料和零部件进行管理可以更有效地实施直接监督(Chandler,1997)。

然而,纵向一体化的模式虽然满足了广泛的生产需要,但也面临着很多挑战。由于各工业部门的持续发展和市场上供应商的数量不断增加,很多在 20 世纪初实施纵向一体化策略的公司开始了去一体化行动,并与关键的供应商建立了长期合作关系(Chandler,1990),一批公司放弃了纵向一体化并将一部分之前在公司内部从事的业务转为从外部市场采购。纵向去一体化发生在很多从前被认为是高度一体化的行业里,例如汽车制造业。这直接导致了在同一个行业中出现了新兴的中间市场,它分隔了原来衔接两类不同专业公司的一体化生产流程。标准化的信息、更方便的协调活动和新兴中间市场的出现,是导致行业价值链结构去一体化

---

❶ 福特主义,以福特汽车创始人亨利福特命名,是指 20 世纪的一种经营管理体系。大型的纵向一体化国际公司使用这种管理体系进行大规模标准化生产。

的几个原因。这种去一体化使新型的专业公司参与到行业生产当中，重塑了整个行业的竞争形势。

纵向去一体化有着非常深远的意义。它改变了有权且正在参与某一行业的公司的本质。例如在油气行业，纵向去一体化使得不具备生产能力、不拥有生产设施的工程公司成为行业中的重要参与者。纵向去一体化使得公司"核心能力"的性质、行业参与者类型和行业的竞争结构都发生了变化。Jacobides（2005）借用了一个生物学上的类比，"纵向去一体化允许一个新的、各个专业共存的生态系统与原有的一体化行业结构相互竞争、相互协作，这改写了整个行业的面貌。"在全球商业革命中，纵向去一体化的趋势使单一公司从事的业务范围大大收窄。纵向去一体化的进行，导致了大量的资产重组，各公司普遍对"非核心业务"进行剥离，以发展公司的"核心业务"（Nolan等，2002）。

1.2.2 外包

一体化公司的纵向去一体化迫使大部分公司面临一个决策，即将一些重要的生产和服务活动保留在公司内部，还是从其他公司处购买。由于极少数公司会考虑将不计其数的生产活动全部由公司自行完成，大多数公司倾向于从外部供应商处购买中间产品和服务。

尽管由公司自行管理生产中的各环节可以确保公司能一直达成各环节产品产出数量的最优化，但在每一个生产阶段，都有相关的固定成本。公司内部组建的生产能力经常会超过或不能满足实际需求，而发生的固定成本是保持不变的。一个公司从事的生产活动类型越多，它在设备和人员编制上的投资也就越大；这些支出不可能因为需求的变化而在短期内快速缩减或扩张。公司经营的弹性降低了，而风险大大增加。或许如果一个生产环节对应的产品或服务能在市场上公开交易，公司可以通过向市场销售或采购的方式来解决生产盈余或短缺的情况。然而，为了开展上述业务，公司需要设立采购部和销售部，由于这两个部门只是偶尔有业务需求时才运转，开展上述业务的盈利要能超过这两个部门的运营成本。或者，公司也可以放弃内部生产，转而遵循市场原则，从外部购买中间产品或服务。当生产所需的中间产品可以在市场找到现成的替代品时，公司为进行内部生产而做投资的相关风险就会显著降低。值得一提的是，公司因对外采购降低的风险并不会导致供应商承担风险的同等增加，这是由于供应商会因资源集中度的提高而受益（Richardson，2000）。

持续的外部供应并不意味着所有供给只能来自一个供应商，事实上通过与多个可靠的供应商签署合同，公司可以按时保质地获得中间产品或服务（Chandler，1990a）。在公司希望通过外购来替代内部生产的某些环节时，是否能够实现外购取决于市场是否存在适合的中间品或服务。由于生产资料和中间产品及服务是由众多供应商提供的，公司必须能够协调这些供应商密切配合，以确保他们生产的产品符合需求。

生产最终产品的公司及价值链中的其他供应商各自履行什么样的职能，同它们具备的专业知识和能力直接相关。所有这些公司除了需要具备其所从事业务的专业知识，还需要了解彼此，即需要了解供应链中每个主体的能力、角色和规则，这使得多年来供应链中各主体间建立了高度的相互依存关系和供应链的稳定性。通过与一家公司长期合作，供应商积累了在行业中的经验，以及与这家公司合作的经验，供应商提供的服务对于这家采购服务的公司来说，具有更专业化的特点，与市场上其他供应商能够提供的服务已不再相同。这种定制化服务的价值大小，因供应商在供应链中承担角色职责的不同而有所区别（Richardson，1998）。

供应商定制化的一个典型例子是飞机制造业。现代飞机和发动机都是精密复杂产品。飞机制造公司的一项主要能力就是组织和整合供应链上的所有供应商来完成飞机的制造。核心公司（这里指装配飞机的公司），即供应链的整合人，越来越专注于供应链上的协调和管理工作，而非直接进行各零部件的生产制造。在这一行业中占飞机总价值60%～80%的部件是由外部供应网络交付的（Nolan等，2007）。这些部件是高度定制化的，无法在公开市场采购，因为过往的相互协作经验和一定的采购者—供应商关系稳定程度对于完成最终的飞机装配至关重要。核心公司和中间产品供应商需要保持一种高度稳定的关系。

中间产品的供应商同核心公司之间应该保持高度稳定的关系，但同时这种关系也要保留一定弹性，因为供应商可能会被更换，购销双方都要快速适应变换后同新的合作方建立起的关系。不过，如果没有一定程度的稳定关系，有组织的分工协作将无法实现（Richardson，1998）。

1.2.3　核心公司的协调：供应链上的整合人

对保持稳定供求关系的需求改变了公司协调职能的性质和范围，也扩展了法律意义上公司的边界。纵向去一体化后，公司的经济活动扩展为组织协调在各生产阶段提供设备和服务的众多供应商和服务商。这种组织协调使得核心公司能够完成最终的产成品制造。

经济活动的这种新型结构需要各种资源和生产要素的提供者同步协作。公司之所以存在是因为它让服务于特定生产目标的各种活动能够同时开展。这种同步协作并不是市场交易无意间形成的，要完成协同合作需要进行组织和管理，这些工作通常是由公司来开展的（Richardson，1998）。如前所述，公司的协作职能并不仅仅包括协调公司内部资源，也包括对其他公司生产活动的协调。因此在一个经济体中，公司创造了一种新的工业管控形式（Nolan 等，2002）。

Richardson（1972）的研究指出，零售行业公司能够与其供应商在设计、生产和营销等活动中密切配合，而不需要股权关系或签订长期合同：

"在制造和营销活动中相互依存的公司之间需要密切合作，这种合作行为可以在玛莎百货和英国杂货联营店等公司中得以充分体现。表面看来，这些公司一般都被划分到零售行业，但实质上它们是组织开展复杂和扩展的协作活动的'工程师'和'建筑设计师'。每一家玛莎百货不仅告知供应商他们的采购数量，从而让供应商可以按需求调整生产，它还同样关注生产过程及中间产品的参数规格。例如它们会决定服装的设计、布料的选择，对工序的控制甚至细致到规定针织和缝制用针的型号。同样地，为了找到制作糕点的最好面粉，它们选择与面粉商 Ranks and Spillers 合作；它们对一个蛋糕里用到的樱桃和核桃的数量都有明确规定。"

玛莎百货开展的管理和协调活动并不属于其作为一家公司的内部管理职责范畴，这些管理和协调使得许多其他公司的商业决策是基于玛莎百货的管理，而不是基于"市场""价格机制"或者"看不见的手"（Richardson，1998）。

公司之间通过"合作联盟间的紧密网络"协调各自的生产活动。基于合作各方的利益诉求，联盟中各公司签订包含合理奖惩机制的合同。然而，公司间相互的协调合作并不总是以正式书面合同为基准开展的。某一供应商可能并没有同核心公司签订书面协议，但基于其与核心公司以前的合作关系，在未来还会同该核心公司继续保持良好合作关系的预期下，这家供应商可为日后的合作机会提前做出必要投资和管理决策。在这种情况下，公司之间的协调合作是一种"有意识设计"（Richardson，1998）。有意识设计是一种独特的管理活动，在一个经济组织中的各层面上实施，既包括公司层面，也包括价值链层面。

当大型公司完成纵向去一体化后，围绕价值链开展的组织协调活动随即增加了。在很多行业，价值链的组织工作已经发展成为综合性的管理和协调活动。价值链整合人，即装配制造最终产品的核心公司，在协作活动中处于中心地位（Nolan 等，2002）。大型全球化公司（通常是处于价值链中心，装配制造最终产品的核心公司）通过进行价值链整合，协调、评估并规划处在价值链中其他公司的生产经营活动。Nolan 等（2007）称核心公司对价值链中的公司实行严格的管控："供应商如果希望成为主导价值链的整合人的盟友或合作伙伴，必须同意在账簿查阅、厂区规划、研发和生产计划、产品交付等方面完全配合核心公司。"因此，核心公司的控制范围极广，包含了兼并收购、研发决策、市场营销、销售及客户关系等供应链中的方方面面（Nolan 等，2007）。

核心整合人协调的价值链异常复杂，通常由一级、二级和三级等多个层级的供应商以及各层级的分销商和零售商共同组成（Nolan，2000）。通常情况下，核心公司同提供中间产品的供应商签订分包合同，核心公司的协调职能在这一合同框架内进行。

分包业务非常重要，在很多全球领先的经济体中，通过分包业务生产的产品占有很大的比重。例如，瑞典工程行业中有四分之一的产出是分包业务生产的；在日本这一比例是三分之一。而在日本汽车行业中，通过分包生产的配件占到了产出配件总量的将近一半。此外，业务的跨国分包也正变得越来越普遍，一个紧密的国际性供销网络正在全球范围内将各行业的供应商和购买者联系在一起（Richardson，1998）。

一项针对大型企业采购预算的分析显示了它们的分包活动范围非常广泛。许多供应商在为核心整合人"工作"，将它们生产出的产品出售给核心公司。Nolan等（2005）估计，对于一个有10万～20万雇员的核心公司，将会有总雇员数达到40万～50万的各类公司为其制造产品或提供服务，这些公司的生产都是在核心公司的协调下开展的。例如耐克，一家体育装备公司，自己并不生产产品，通过与600多家工厂签订协议的方式委托它们进行生产，这些工厂大部分都位于亚太地区。耐克在全球的雇员约有38000人，而与耐克签署制造协议的工厂雇员总和大约有80万人（Nike，2011，2012）。在Nolan看来，作为核心公司的耐克与这些工厂一起组成了一个"外延公司"。"外延公司"是一个术语，用来描述围绕现代全球化公司开展业务的公司和经营活动（Nolan，2002）。

为了保持竞争力，整合人必须在整个价值链上开展协调，协作整合能力是其竞争优势的来源。一家大公司会通过与广泛的业务网络高效互动来取得竞争优势。核心公司需要与当地供应商建立良好的业务关系，了解供应商所在当地的业务方式，以确保为最终产品采购到所需的中间产品或材料。除此以外，核心公司还需要了解供应商的组织结构、能力与局限以及他们的商业规则和文化要求。按照Richardson（1998）的理论，有效整合无法通过仅仅告诉参与的每家公司要做什么来实现，必须确保供应链上各家公司承担规定的角色、具备所需的能力，以形成供应链的最优组合。然而Nolan等（2007）认为在某些方面，核心公司会准确告知供应商需要做什么和如何去做。这两种观点都认为大公司的竞争力不仅仅取决于其专业知识和技术能力，还有赖于对供应链上其他公司及其所在地的了解程度。而公司的效率不但取决于其对供应链的组织能力，供应商的资质和能力也非常重要。

换言之，一家成功的国际化公司的竞争优势来源于确保自身处在一个高效、低成本的国际化供应商网络的中心地位，网络中的供应商与核心公司利益保持一致。核心公司对供应商进行管理,以便可以获得优质低价的中间产品或服务,并在此基础上生产出满足消费者需求的终端产品或服务(Nolan,2000)。

这种供应链上的广泛协作对供应商有很多好处,它使供应商与核心公司保持稳定的合作关系,还有利于供应商对专业化技术和设备中存在的固有风险进行聚焦和管理。除了受益于规模经济之外,通过常年向核心公司供应产品或服务,供应商能够不断积累专业技术与经验。在按照最终产品要求提供中间产品或服务的过程中,供应商在规范、流程和设计能力等方面也都有很大发展。最终,供应商可以更好地理解客户的需求,并按需提供定制化的专业技术或产品。

起到整合人作用的核心公司对供应链的精细管理使核心公司和供应商的业务关系发生了质的变化。主要的一级供应商能够与核心公司建立一种长期的伙伴或联盟关系。他们按照核心公司的经营地点来确定他们的厂址。在一些情况下,伙伴供应商会使用核心公司的设施来进行生产。对于某些种类的服务,如数据系统服务,主要的服务商在核心公司的办公地点工作也成为一种惯例。在安排研发计划时,他们也会详细了解核心公司的需求,并据此安排产品研发。他们全面协调制订生产供应计划,只为了确保中间产品在需要时能够准时到位。因此,供应商和核心公司的关系已经远远地超越了简单的价格关系。核心公司为了形成竞争优势,在价值链的上下游进行了深度渗透,从长期规划到日常生产的细节控制再到产品的交付安排都紧密参与(Nolan 等,2005)。

需要认识到,强调双方在供应链管理和业务关系中的合作因素并不意味着竞争的消失。玛莎百货会淘汰供应商,供应商也会寻找其他买方。在技术服务合同中双方会约定,在某种情况下,合同将会重新协商。今天的被授权人明天可能就成为竞争者。在这种情况下,虽然竞争的形式发生了变化,但竞争的机制仍然在起作用(Richardson,1972)。

1.2.4 核心公司对价值链的管理

核心公司(即整合人)在价值链上开展的强势的整合协调活动为公司职能的相关争论开辟了一条全新思路。认为公司是大型机体中的一个细胞,而没有意识到公司具有超越自身内部管理的更广泛职能(Dobb,1925)的观点正在受到挑战,新的观点认为公司在控制、协调和分配各种经济活动上扮演着重要角色。正如 Nolan(2000)所强调,核心公司正成为复杂商业规划的中枢,它在更广的范围里联结了一系列追求共同目标的其他公司的经营活动。

在核心公司影响范围不断拓展的同时,它能控制的商业环境也在不断扩张。为了获得并保持竞争优势,核心公司需要制订有效的战略来应对、甚至影响不断变化的外部环境(Kimura,2006)。大的核心公司需要考虑整个价值链中各环节的利益、成本以及产能来保持竞争优势。为了对整个价值链进行有效管理，核心公司需要有能力识别价值链上各个公司的优势和弱点。

如果核心公司的协调活动可以通过中间产品和最终成品之间数量和规格的匹配程度来体现，那可以得出结论，核心公司的影响范围在不断增大。生产或销售最终产品的核心公司，在产品研发、规格设计和过程控制等方面开展了大量的经营活动，这些活动远远超出了供应商具备的能力水平。在公司间合作中，发生大量的技术转移、交换和储备。因此，供应商通常可以在核心公司的建议和帮助下提升专业能力（Richardson，1972）。此外，核心公司和各供应商通过发挥各自优势，共同开展互补性的活动，以达到效率最大化。另外，通过结合自身和其他公司的优势领域，核心公司可以向单独凭借自身实力无法进入的领域发起挑战（Kimura，2006）。核心公司不断增大的影响力模糊了自身公司的边界，使其与供应商的关系也发生了改变。

核心公司的协调职能，已经从管理内部的资源和生产能力，扩展到对整个价值链上其他公司的资源和生产能力进行管理。得益于信息技术的进步，核心公司得以开展更广泛的管理活动，这使得大型核心公司的边界已经变得极为模糊。核心公司在行业各部门间开展经营，超出法律意义上以所有权划定的主体边界，成为更广泛的商业生产活动的协调人（Nolan 等，2002）。核心公司的职能也发生了巨大变化，从直接生产逐步转向协调和规划整个价值链中各项活动的"大脑"（Nolan 等，2002）。核心公司已经发展出一种新型的行业管理职能，这种职能的范围超越了所有权形式的公司边界，剧烈动摇了公司旧有的规模和公司的本质（Nolan 等，2007）。

总之，价值链正越来越多地受到核心公司的"管理"。这种"管理"在那些经营活动属于公司职责的问题上模糊了公司的边界。如前所述，核心公司与其供应商共同形成了所谓的"外延公司"。外延公司由众多大中小型公司组成，经营范围涵盖了整个价值链，得益于信息技术的进步而不断发生整合，在核心公司的全球化管理下，通过密切协作的方式开展生产（Nolan，2000）。Berle 和 Means（1967）所讨论的现代企业所有权和控制权的分离也可以得到论证，即核心公司的管理活动不仅为自家股东开展内部管理和控制，也替价值链中其他参与公司的股东们对他们各自的公司进行了管理和控制。这为所有权和控制权带来利益分歧的讨论提供了一个不同的视角，也可成为一个能引发深层讨论的课题。

<h2 style="text-align:center">参 考 文 献</h2>

Berle, A., and G. Means. 1967. *The Modern Corporation and Private Property*. New York: Harcourt, Brace & World.

Chandler, A.D. 1977. *The Visible Hand: The Managerial Revolution in American Business*. Cambridge: Belknap.

Chandler, A.D. 1990. "Response to the Contributors to the Review Colloquium on 'Scale and Scope'." *Business History Review* 64: 736–58.

Chandler, A.D. 1992. "Organisational Capabilities and the Economic History of the Industrial Enterprise." *Journal of Economic Perspectives* 6: 79–100.

Coase, R.H. 1937. "The Nature of the Firm." *Economica* 4: 386–405.

Coase, R.H. 1990. "Accounting and the Theory of the Firm." *Journal of Accounting and Economics* 12: 3–13.

Coase, R.H. 1992. "The Institutional Structure of Production." *American Economic Review* 82: 713–19.

Dobb, M. 1925. *Capitalist Enterprise and Social Progress*. London: Routledge.

Jacobides, M.G. 2005. "Industry Change Through Vertical Disintegration: How and Why Market Emerged in Mortgage Banking." *Academy of Management Journal* 48: 465–98.

Kimura, S. 2006. "Co-Evolution of Firm Strategies and Institutional Setting in Firm-based Late Industrialisation: The Case of Japanese Commercial Aircraft Industry." *Evolutionary and Institutional Economics Review* 3: 109–35.

Langlois, R.N., and N.J. Foss. 1997. "Capabilities and Governance: The Rebirth of Production in the Theory of Economic Organization." *KYKLOS* 52. Available at SSRN.

Langlois, R.N., and R.G. Koppl. 1991. "Fritz Machlup and Marginalism: A Re-evaluation." *Methodus* 3: 86–102.

Loasby, B. 1976. *Choice, Complexity, and Ignorance*. Cambridge: Cambridge University Press.

Machlup, F. 1967. "Theories of the Firm: Marginalist, Behavioral, Managerial." *American Economic Review* 57: 1–33.

Nike. 2011. "Annual Report: Form 10-K." Accessed 26 November 2012. http://investors.nikeinc.com/files/doc_financials/AnnualReports/2011/docs/Nike_2011_10-K.pdf.

Nike. 2012. "MAS: Working Conditions." Accessed 26 November 2012. http://www.nikebiz.com/crreport/content/workers-and-factories/3-1-0-overview.php?cat=overview.

Nolan, P. 2000. "Global Business, Value Chains and Developing Countries." ECR

Academic Report.

Nolan, P., D. Sutherland, and J. Zhang. 2002. "The Challenge of the Global Business Revolution." *Contributions to Political Economy* 21: 91−110.

Nolan, P., J. Zhang, and C. Liu. 2005. "The Global Business Revolution, the Cascade Effect and the Challenge for Catch-up at the Firm Level in China." Globalisation and International Business, MBA Module.

Nolan, P., J. Zhang, and C. Liu. 2007. *The Global Business Revolution and the Cascade Effect*. New York: Palgrave Macmillan.

Penrose, E.T. 1959. *The Theory of the Growth of the Firm.* Oxford: Oxford University Press.

Richardson, G.B. 1972. "The Organisation of Industry." *The Economic Journal* 82: 883−96.

Richardson, G.B. 1998. "Production, Planning and Prices." DRUID Working Paper. Danish Research Unit for Industrial Dynamics.

Richardson, G.B. 2000. "The Organisation of Industry Re-visited. DRUID Working Paper." Danish Research Unit for Industrial Dynamics.

Williamson, O.E. 2002. "The Theory of the Firm as Governance Structure: From Choice to Contract." *Journal of Economic Perspectives* 16: 171−95.

第 2 章 石油价值链及其变革

石油行业价值链的模式和其他工业部门比较类似。国际石油公司作为"行业的核心整合人",在很大程度上管理着行业的价值链。但是,由于石油行业的特殊性,其价值链与其他行业相比,也表现出不同之处。本章对石油工业、行业供应链、石油工业的特点和不同之处以及变革的过程做出了概述。

2.1 石油行业的价值链

鉴于在地缘、政治和经济中的重要性,石油行业已经成为全世界地位最显赫的产业之一。由于大部分的工业和经济活动由石油产量和消费量驱动,很多国家对石油的依存度非常高。

开采原油,并将其加工成汽油和柴油等可供人们消费的成品油是一项具有挑战性的工作。原油是一种储集于沉积岩微小孔隙中的自然资源。一般来说,这种沉积岩存在于地下和海底。原油开采出来之后,必须经过炼制过程才可成为可供人们消费的燃料和其他产成品。由于开采难度大、油田通常位于偏远地区以及炼化工艺流程繁复,因此石油行业的供应链是异常复杂的。这个供应链主要分为两部分:上游供应链和下游供应链。上游供应链涉及原油的获取,包含勘探、开发以及原油从产地运输至炼厂的物流管理等。下游供应链从炼厂开始,原油在炼厂被加工为石油消费品。

下游供应链包括对产量和市场需求的预测,以及将石油产品运抵全球消费者处的物流管理。绝大多数石油公司的经营活动专注于上游供应链范畴,而炼油和化工企业的经营活动集中在下游范畴(Hussain 等,2006)。一体化公司则同时涉足上下游产业链。不论上游或是下游产业链,都包含多种经营活动,涉及众多的公司和利益相关群体。

从事上游产业链经营活动的公司有很多种类型。对于一个未勘探盆地,在勘探工作开始前,必须有一套成型的法律架构,确保石油公司在该地一旦获得发现,开采其探明储量的权利将会得到法律保障。资源国政府会就勘探区块举行招标,发放租约,有时政府会对招标地区进行地震勘测,并向潜在竞标者提供地震原始资料。竞标成功的石油公司将开展地震勘探❶，并进行有利区预测。地震勘探需要地震公司、地震数据经纪人、地质学家和地球物理专家等多方参与。勘探活动选取勘测点并按吸引力排序后，钻井公司和配套的服务公司（提供供应船、直升机、水泥，泥浆录井、人工举升、挠性油管等的公司）会陆续进场在目标区域开始钻井活动。凭借技术和运气（即使得益于先进的现代地震技术，获得油气发现的概率仍低于20%），石油公司通过钻井活动发现地下埋藏的油藏。一经获得发现，油田将会被开发——这需要花费大量时间，并且非常具有挑战性。

举例来讲，自取得发现至达到高峰产量，开发北海北部油田耗时12年。油田开发包括钻生产井（如需要，钻注水井），修建生产平台、管线、处理厂和外输终端等基础设施。这需要巨大的资本性支出以及大量油田服务公司的参与，从工程设计建设公司到海上钻机建造公司。开发完成后，油田会经历两个生产阶段：产量高峰阶段和产量递减阶段。在产量递减阶段，原油的开采难度增大。产量减少、开采成本加大导致油田的自由现金流不断减少。在某些情况下，由于大型石油公司的结构性成本较高，开采处于产量递减阶段的油田将不再具有经济性。这些油田将会被出售给中小型石油公司，如旺蒂尔、图洛、德纳和阿帕切公司。中小型石油公司接管油田后，通过采取增产措施延长油田开采寿命。当油价低至一定程度时，油田收入不足以覆盖开采剩余储量的成本，油田将被弃置。对于陆上的油田现场，大型生产平台必须用大型吊车拆除。油田弃置也需要大量资本性支出，并且风险很高。此时作业者会雇用专业从事设施拆除和油田弃置的公司协助完成这项工作（Hermann 等，2010）。以壳牌公司（Shell）为例，近日壳牌公司宣布其布伦特油田将拆除设施，面临退役❷。据壳牌公司估算，清理和拆除整个油田4座生产平台需要10年时间，成本达到数十亿英镑（NY Times，2015）。

表2.1中所列为油田中上游活动、服务和设备。

表2.1 油田中上游活动、服务和设备

目标身份	钻井勘探和评价井	开发油田	延长油田生命周期	油田退役
地震	钻井服务	钻井	钻井填充	潜水
地质学家	相应的井口装置服务(钻井准备、压力泵、定向钻井、完井)	数据采集	注水	重力举升设备
地球物理学家	数据采集（泥浆录井、现场地质师、取心、电缆测井、随钻测井、试井）	设计和建设服务	气举	大型起重机设备

---

❶合同租约时间长短各不相同，合同通常在两种财税制度下授予：产品分成合同和矿税制合同。
❷过去英国海域10%的油气产量来自北海布伦特油田，国际市场原油贸易价格的标杆之一布伦特原油价格就是以这个油田命名。

续表

目标身份	钻井勘探和评价井	开发油田	延长油田生命周期	油田退役
		平台	压力泵	
		SURF	水力压裂	
		管道，硬管和软管		
		平台上部模块和外壳		

资料来源：作者根据"油田生命周期"图编制（Hermann 等，2010，50）。

下游供应链始于原油开采出来并进行评估之后，此时是油井产出物的处理和商品化过程的开端。原油一旦被开采出来，将从生产平台处，通过油轮、油罐车、铁路或管道运往炼厂。

在炼厂内，原油将被加工处理为一系列的石油产品。基本的炼化程序包括分馏、转化、提纯和混合❶。设备（如氢化裂解器）供应商和化学品供应商向炼油公司提供产品和服务，在下游供应链中扮演关键角色。

成品油生产完毕后，通常会通过管道、油轮、油罐车和铁路运输等方式运往市场。在本地转运油库，分销商将成品油集中起来运往加油站、便利店、石化公司以及其他零售商的地下储油库❷。除炼厂和管道外，石油产品也可经过独立的海上转运油库运送给分销商。这些转运油库通常由专业仓储公司所有，仓储公司将油库的油罐租赁给其他公司。不考虑来源、生产和分销方式，几乎所有加油站的成品油都是用大型油罐卡车送达的。由于相当大一部分石油是通过油轮运输的，这使得海运成为下游产业链中的重要环节。船舶在造船厂生产建造，以船只所有者的名义登记。船只所有者可以将船只委托给第三方管理。在这种情况下，由管理公司处理一切船只的技术和航海操作。管理公司为船只购买保险、招募船员、检查证照文件、进行维修和检查船况。船只认证机构根据每艘船只的结构完整性、机械设备的可靠性对其划分等级。国际石油公司从船舶所有者或管理公司处租赁

---

❶原油的物理分离是通过在蒸馏塔中对原油进行加热，将原油中不同沸点的烃类化合物分馏为不同组别。在蒸馏后，被分离为不同组别的烃类提取物经过裂化炉、催化裂化装置、烷基化装置和其他炼化装置，其分子结构将发生变化。在这个过程中，加热、压力变化和化学催化剂会将较重的石油组分裂化为较轻组分（如汽油），或将数个较轻的分子结合为较重组分，如高辛烷值的航空燃气。最后，许多石油产品会经过某种净化流程以除去化学杂质。混合包括将各种轻烃组分、添加剂和其他成分进行混合与合并，以生产出具有特别应用性能的最终产成品（Hermann 等，2010）。

❷原油管道绝大多数被埋于地下，将原油和其他石油产品输送至各个重要地区。油罐车可用于从炼厂至附近市场的中短途运输。此外，铁路油槽车被用于在使用管道运输不经济的情况下，运输少量特种产品。

船只。最后，大型炼厂和天然气处理厂向石化公司提供生产原料❶。历史上，油气公司参与到化工行业，是希望为原油天然气炼化处理产生的副产品增加价值。石化公司生产制造化学品原料，并将其转化为塑料原料。按总收入排序，大型一体化公司如道达尔公司（Total）、壳牌公司（Shell）和埃克森公司（Exxon）均位列世界前十大石化公司。

2.1.1 石油行业价值链中的公司

石油行业的价值链从上游的勘探生产开始，延伸至下游炼化销售，业务范围非常广泛，参与公司种类多样。本书主要关注从事上游业务的公司，按照所有权性质和业务范围可以分为四大类，分别是国际石油公司、国家石油公司、独立石油公司和油服公司。

表 2.2 中所列为从油田到客户的下游活动、服务和设备。

表 2.2 从油田到客户的下游活动、服务和设备

海上和陆上油田产品	从油田运输到炼油厂	炼油	从炼油厂运输到市场和石化工厂	市场
适用于产品的系统	接收/装货终端	炼油单位（分离、转化、提纯、混合）	从炼油厂运输到销售端/原油转运仓库	分销
平台	泵		独立的海洋终端	原始端
原油装备	油轮		专家贮备公司	卡车
管道	管道		石化厂	代理端
泵	铁路		油罐车	
	卸货终端			
	炼油厂			

资料来源：作者编辑。

尽管当前对于独立石油公司还没有统一的定义，"独立石油公司"通常指专注于油气工业上游勘探生产，不涉足炼化和销售的非一体化公司。独立石油公司中，致力于开发本国油气业务的中小型公司居多，但也有部分较大型独立石油公司从事国际业务，如安纳达科公司（Anadarko）。

国家石油公司一般由国家所有或控制，近年来国家石油公司在全球石油行业的地位发生了剧烈变化。在 20 世纪 70 年代以前，国际石油公司拥有全世界 85%

---

❶化工产品是产自石油和天然气的非燃料的化合物，利用碳分子的活动性及其形成众多具有不同属性的聚合物的能力。所有的有机化合物是基于碳氢化合物（碳基分子）以及石油和天然气的派生产品，有机化合物占化工行业产成品的 85%——从最基本的塑料到复杂的药物（Hermann 等，2010，189 页）。

的油气资源,然而经过20世纪70年代的一系列国有化运动(图2.1),国家石油公司崛起,成为当今主要的油气生产商。

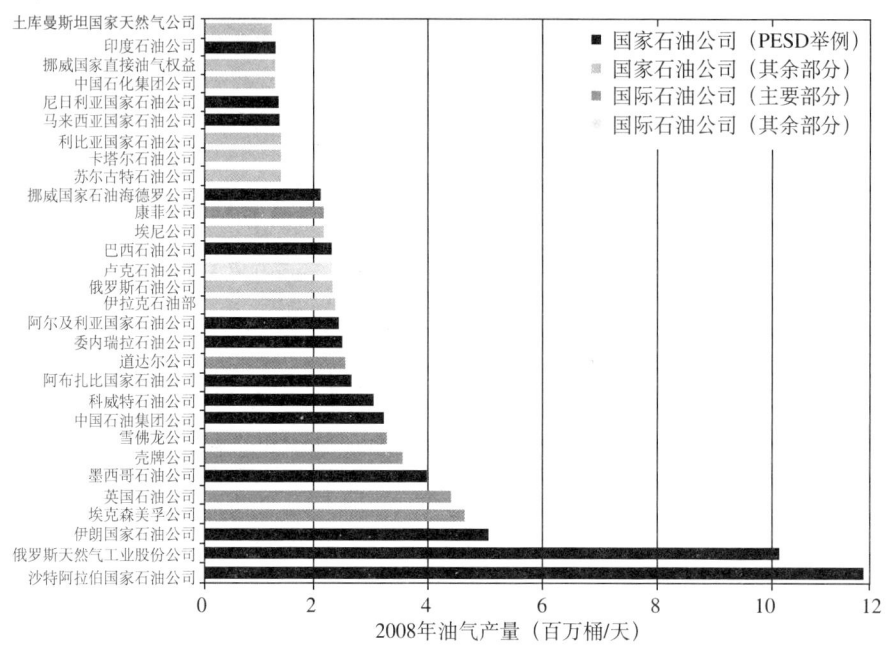

图2.1 作为领先油气生产商的国家石油公司

数据来源:图2.1根据瑟伯基于伍德—麦肯兹公司数据的绘图而编制(2012年3月)。

注:PESD是斯坦福大学能源和可持续发展计划项目,瑟伯的数据分析就在此完成

尽管国际石油公司和国家石油公司控制的油气储量在统计估算上有所不同,但业界公认,国家石油公司在油气储量上占有最大的份额。一些统计数据显示,国家石油公司控制着世界上超过80%的石油储量和73%的石油产量,也有其他观点认为这一比例甚至可达到92%和95%(Howat,2006;James,2011;Jessen,2009;Victor,2007;Yergin和Stanislaw,2002)。❶

---

❶ PFC能源咨询公司称,全世界1.148万亿桶原油储量中,77%控制在政府手中(Blum,2005;Jaffe和Solio,2007)。同样,Jessen在20世纪70年代确认当时国际石油公司拥有全世界85%的探明石油储量,但30年后,国际石油公司所有的储量份额陡降至低于10%,业内估计在6%~8%水平。当前,国家石油公司控制着全世界94%的石油和天然气储量(Jessen,2009)。在Howat(2006)的一项研究中,也显示被誉为"超级巨头"的国际一体化石油公司的储量份额已降至低于10%,2004年,全世界石油日产量8000万桶,其中国际石油公司所有储量占全世界5%,产量占全世界16%。Thurber(2012)的研究指出,石油巨头和其他国际石油公司所有储量分别占比为9%和18%,产量占比为16%和32%。因此,国家石油公司控制着世界上73%的储量,其产量占比达到61%。

由于控制着巨大的石油产量，在《美国石油情报周刊》2011年石油公司排名中❶（Broxson，2012），国家石油公司在全球50大石油公司中占据30席。此外，按公司拥有的油气储量排序，全球前十位全部是国家石油公司，埃克森美孚公司（Exxon Mobil）作为最大的国际石油公司，仅排名14，壳牌公司仅排25（Jaffe和Soligo，2007）。因此，国家石油公司是石油行业的最大参与者。但国家石油公司的形式也并非完全统一。一些国家石油公司100%归国家所有，例如沙特阿美公司（Saudi Aramco）和伊朗国家石油公司（NOCs），也有国家部分参股的国家石油公司，如巴西国家石油公司（Petrobras）（国家参股31%）和ENI公司（国家参股30.3%）。据行业专家称，某些国家石油公司引领行业技术前沿，如沙特阿美公司、巴西国家石油公司和挪威国家石油公司（Statoil）；但也有国家石油公司缺乏专业技术实力，如阿尔及利亚国家石油公司和伊拉克国家石油公司。绝大多数国家石油公司承担多重任务（国家任务和商业任务），使得其经营活动并不表现为以追求利润最大化为目标。相比于国际石油公司，国家石油公司并不急于开发其拥有的储量，通过产量创造收益的效率也较低（Victor，2007）。尽管如此，国家石油公司仍是重要的市场参与方，并且影响着国际石油公司和油服公司之间的关系。

另外，国际石油公司呈现出更为一致的特征。它们都是私营公司，通过在全球范围开采和销售油气，完成股东利益最大化的目标（James，2011）。它们是非国家所有的纵向一体化公司，从上游到下游，集成石油行业的所有环节，包括勘探、生产、炼化、贸易、销售，有时也包括油气运输。现在关于国家石油公司崛起给国际石油公司造成竞争压力的讨论日渐增多，实际上，国际石油公司和国家石油公司在石油勘探和开采风险的管理方面，向资源国政府提供了非常不同的功能（Thurber和Nolan，2010）。

油服公司是向国家石油公司和国际石油公司提供设备和技术服务的专业公司。它们通常专注于某一领域，向客户提供特有技术、设备和服务。几家大型油服公司可以提供范围更广的技术服务。

由于本书的目的是通过分析国际石油公司和油服公司之间的关系来研究石油行业的变革，我们需要对以下的主体特别关注。

国际石油公司是大型的油气一体化公司。石油行业为了寻求竞争优势而进行的整合，制造出了一系列被人们称为"石油巨头"或"超级巨头"的公司。

---

❶石油情报周刊（PIW）以经营规模，而非市值或其他财务指标为基准，对石油行业中的巨头公司、独立石油公司和国家石油公司进行了比较，以给出一个行业的整体全貌。在这篇评估报道中，石油情报周刊考虑了以下6个运营标准：油/气储量、油/气产量、产品销量以及炼化能力。2011年的名单由Broxson(2012，9)提供。

1998—2000年间，西方大型石油公司的数量由11家减少到6家，石油巨头埃克森美孚公司、BP公司、道达尔公司、雪弗龙公司（Chevron）、康菲公司（Conoco Philips）和壳牌公司得以创建（Zhang，2004）。以收入、利润和市值排名，这6家油公司均位列全球最大石油公司行列（福布斯，2011；金融时报，2011）。

在全球商业环境中，由于行业核心整合人的协调功能不断增强，公司的本质在不断变化，与此相一致的是，国际石油公司也在石油行业扮演了行业的核心整合协调者角色，在很大程度上组织行业的价值链。它们有一些重要特质，包括具备很强的大型项目的融资能力，拥有进行研发的必要资源，并且由此打造出国际品牌，吸引高素质人才（Nolan等，2002）。它们为资源国承担风险，如地质风险和未来市场情况的不确定性，提供风险管理功能。此外，它们投资于未探明储量，搭建了从资源国到石油消费品的需求市场之间的桥梁（Thurber和Nolan，2010）。

在本书的国际石油公司一章里，将分析5家主要公司，包括埃克森美孚公司、壳牌公司、BP公司、雪弗龙公司和道达尔公司。就收入和市值而言，这些公司被称为石油巨头恰如其分。虽然康菲公司也被视作石油巨头，但由于该公司近期改变了商业模式，由一体化公司转变为纯粹的勘探和生产公司，因此在本书的分析中暂时不予考虑。

绝大部分国际石油公司通过几次兼并和收购赢得当今的"石油巨头"地位。除了壳牌公司和道达尔公司，其他石油公司的历史均可以追溯到标准石油公司。标准石油公司由约翰·洛克菲勒创始于1870年，并成为当时第一家最大的一体化石油公司，在美国本土生产、运输、炼化和销售石油（Yergin，1991）。1911年[1]，标准石油公司因涉嫌垄断，被法院判决拆分为34家较小型的区域性公司。这些公司[2]是当前的埃克森美孚公司、BP公司、雪弗龙公司和康诺科公司（Conoco）的前身。主要石油公司市值见表2.3。国际石油公司选定财务信息见表2.4。

表2.3 主要石油公司市值

公司名称	总部所在地	市值（百万美元）	收入——共12个月(百万美元)
埃克森美孚公司	美国	364634	329647

---

[1] 新泽西州标准石油公司 v. 美国案例，211 US.1。
[2] 新泽西州标准石油公司（埃克森公司），纽约标准石油公司（美孚公司），加利福尼亚标准石油公司（雪佛龙公司），肯塔基标准石油公司（雪佛龙公司），俄亥俄标准石油公司（索亥俄公司，后被BP公司收购），印第安纳标准石油公司（阿莫科公司，后与BP公司合并），大陆石油公司（康诺科公司）以及大西洋石油公司（阿尔科公司，后被BP公司收购）。

第 2 章　石油价值链及其变革

续表

公司名称	总部所在地	市值（百万美元）	收入——共 12 个月（百万美元）
中国石油	中国	356197	370538
壳牌公司	荷兰—英国	198735	377153
雪佛龙公司	美国	198372	173714
中国石化	中国	140870	458685
BP 公司	英国	131083	316054
道达尔公司	法国	128652	194126
康菲公司	美国	80857	44825
俄罗斯天然气公司（Gazprom）	俄国	70343	147071
埃尼公司（ENI）	意大利	68611	133067

资料来源：作者以 Bloomberg 数据编辑（截至 2015 年 5 月 22 日）。使用 Bloomberg L.P. 版权许可。版权所有。

表 2.4　国际石油公司选定财务信息

单位：十亿美元

项目	埃克森美孚公司		壳牌公司		BP 公司		道达尔公司		雪佛龙公司	
	2014	2013	2014	2013	2014	2013	2014	2013	2014	2013
销售收入	412	438	431	460	359	396	236	251	212	229
进货成本	−226	−224	−327	−353	−282	−298	−152	−160	−120	−135
产品和制造支出	−41	−41	−30	−28	−27	−28	−28	−28	−25	−25
销售、分销、管理行政费用	−13	−13	−14	−15	−13	−13	N/A	N/A	−5	−5
勘探成本	−1.7	−2	−4.2	−5.3	−3.6	−3.4	−1.9	−2	−2	−1.9
研发费用	−1	−1	−1.2	−1.3	−0.7	−0.7	−1.3	−1.2	−0.7	−0.8
净收入	33	33	15	16	4	23	4	11	19	21
资本支出	−39	−42	−32	−40	−23	−25	−30	−34	−40	−42

注：所有销售金额包括营业收入和其他收益。道达尔公司将其产品和行政费用一起作为运营支出。

资料来源：作者根据每家公司年报编辑。

埃克森美孚公司：埃克森美孚公司起源于4家标准石油公司❶，其中一家是标准石油公司的核心——美国新泽西州标准石油公司。1999年，标准石油公司的两家后代——埃克森公司和美孚石油公司合并，形成了如今的埃克森美孚公司。这起举世瞩目的合并案交易价值高达810亿美元，是美国历史上规模最大的公司合并交易。据CNN（美国有线电视新闻网）报道，本轮行业并购潮中最大规模的并购交易，是埃克森公司为应对油价、提高运营效率和抵御新兴的海外竞争威胁采取的措施。埃克森美孚公司的董事长李雷蒙德（Lee Raymond）和首席执行官卢诺托（Lou Noto）分别表示，"在世界经济动荡环境且行业竞争愈演愈烈的形势下，此次合并增强了我们作为一个优质的全球竞争者的能力"。合并后，埃克森美孚公司成为国际石油公司的领袖。作为全球最大的公开交易国际石油和天然气的公司，埃克森美孚公司拥有最多的石油和天然气资产。2011年，日产量高达450万桶油气当量，油气储量总计870亿桶油气当量。埃克森美孚公司是上下游一体化的综合性能源公司，拥有全球最大的炼油系统，也是全球最大的石化公司之一。据年报披露，2011年公司净利润为410亿美元，资本性支出和勘探费用为370亿美元（埃克森美孚公司，2011，2012）。

雪弗龙公司：雪弗龙公司起源于美国加利福尼亚州标准石油公司，在沙特阿拉伯地区勘探的巨大突破使其跻身石油巨头行列。加利福尼亚州标准石油公司（即后来的雪弗龙公司）在20世纪30年代初期开始在阿拉伯东部地区进行勘探活动并创立了加利福尼亚阿拉伯标准石油公司（CASOC）。1936年，得克萨斯公司（即后德士古公司）进入该地区，成为加利福尼亚阿拉伯标准石油公司的合作伙伴。经历数年发展后，1944年阿拉伯美国石油公司成立，即沙特阿美石油公司❷。1938年，加利福尼亚阿拉伯标准石油公司在沙特阿拉伯东北部达曼市多姆71区取得勘探突破，之后继续在该区块进行勘探活动，并陆续获得系列发现。其中最著名的应数1948年发现的加瓦尔油田，该油田拥有全球最大的油气产储量。沙特阿拉伯地区丰富的油气储备为雪弗龙公司提供了低价、优质的原油，也确保其成为20世纪50—60年代石油公司中利润率最好的几家公司之一。沙特阿拉伯石油权益国有化之后，雪弗龙公司失去了在该地区的有利地位。1984年，雪弗龙公司合并了海湾公司，这是同时期规模最大的合并案；2014年，与德士古公司一起创立了今天的雪弗龙公司。雪弗龙公司是美国第二大综合性能源公司，日产量为260万桶油气当量。2011年，雪弗龙公司净利润270亿美元，资本性支出和勘探

---

❶纽约标准石油公司（美孚公司），真空石油公司（美孚公司），美国新泽西州标准石油公司（埃索石油公司），英美石油公司（埃克森公司）。

❷阿莫科公司后被沙特阿拉伯政府国有化，并作为沙特阿拉伯国家石油公司继续经营。

费用 290 亿美元（雪弗龙公司，2011，2012；全球资金，2012b）。

壳牌公司：1902 年，英国壳牌运输公司（于 1878 年成立的油气运输公司）与荷兰皇家公司（1890 年成立，在荷兰东印度群岛进行油气勘探）合并，创立了荷兰皇家壳牌集团。2005 年，百余年的双主体伙伴企业宣布解散，在一番重大的组织结构变革重组之后，一个单一主体的公司——荷兰皇家壳牌公司成立。与其他的国际大型石油公司进行强强联合的方式不同，壳牌公司收购了莱斯石油公司（当时英国最大的勘探开发公司）和美国驰耐普公司（标准石油公司衍生的车用机油公司）(Hermann 等，2010)。综合考虑市值、营运现金流和油气产量等方面因素，壳牌公司目前是排名第二的大型国际石油公司，在全球 80 个国家开展经营活动，日产量高达 320 万桶，其中天然气产量占 48%，石油产量占 52%。2011 年，壳牌公司年利润 310 亿美元，投资额 260 亿美元（壳牌公司，2011，2012）。

BP 公司：BP 公司起源于印第安纳州标准石油公司（Amaco）和盎格鲁-波斯石油公司。盎格鲁-波斯石油公司成立于 1908 年，在伊朗开始勘探活动，1935 年变更为盎格鲁-伊朗石油公司，并于 1954 年成为英国石油公司。从最初在波斯地区尝试性的勘探活动开始，多年以来，英国石油公司逐渐成长为全球化的能源公司。1953 年，伊朗的国有化运动使英国石油公司丧失了 2/3 的产量，而其采取的应对方式是增加在伊拉克和科威特的油气产量、新建炼厂并在阿拉伯湾、加拿大、欧洲、北非、东非和澳大利亚地区开始进行更多的勘探活动。20 世纪 60 年代末期，英国石油公司在北海地区和阿拉斯加进行风险勘探并获得重大发现，这促使公司迅猛发展。英国石油公司此前在英国进行了 50 年勘探却没有发现独立的大型油田，之后却在北海地区首先勘探出原油。在阿拉斯加地区的勘探经历更为传奇。英国石油公司在阿拉斯加北坡勘探 10 年颗粒无收，在濒临放弃的时候，竞争对手向这一勘探区块给出了惊人的高额收购报价引起了英国石油公司的怀疑，并促使公司重新回到该区域继续风险勘探并终于取得重大突破，在 1969 年成功发现北美洲大陆最大型的油田，这是继北海勘探之后发现的又一超大型油田。在过去的 15 年中，英国石油公司也经历了多次的兼并与收购，例如 1998 年与阿莫科公司的合并及 2000 年收购阿尔科公司和嘉实多公司。2001 年，英国石油公司改称为 BP 公司。2003 年，BP 公司在俄罗斯建立了秋明石油公司，拥有 50% 的股权。重大的勘探发现和公司并购成就了 BP 公司发展到如今的规模。2010 年，马康多危机使 BP 公司有史以来首次年度亏损达 37 亿美元，2011 年 BP 公司净利润恢复到 260 亿美元，日产量达 230 万桶油气当量（BP，2011，2012；全球资金，2012a）。

道达尔公司：法国石油公司（如今的道达尔公司）起初是作为法国政府为实施国家油气政策的工具而创建的。在执行 1920 年签订的圣雷蒙条约时，作为战争赔款，土耳其石油公司的股权被法国石油公司继承。这使道达尔公司获准进入伊拉克地区。1979年，沙哈统治被推翻后，道达尔公司成为首个获准进入伊朗的外国石油公司。尽管有美国的制裁和反对，道达尔公司继续在伊朗运营油气项目。1998年，道达尔公司合并了比利时石油公司，1999年合并了其在法国的主要竞争对手埃尔夫公司。道达尔公司是世界上第五大公开交易的综合性油气公司，2011年日产量234万桶油气当量，净利润160亿美元，资本性支出341亿美元（道达尔公司，2011，2012b，2012c）。

康菲公司：相比其他的国际石油公司，康菲公司规模较小，因此有时会被排除在石油巨头之外。但是康菲公司仍然是美国第三大石油公司，其历史可经由大陆石油追溯到标准石油公司。康菲公司于2002年由美国康诺科石油公司和飞利浦公司合并而成。为重新定位公司战略，康菲石油将上下游业务拆分为两个公司。2012年，康菲公司剥离下游业务（炼油、销售和化工），组建成一个新公司——飞利浦66公司，并继续作为一个油气勘探和生产公司运营。康菲公司此举的动机是优化资产组合、增强投资回报和增加财务灵活度（康菲公司，2011）。

石油行业的特性和市场结构在不断进化，国际石油行业经历了数十年的横向和纵向整合。国际石油公司多采取纵向一体化结构参与协调整个供应链条，从勘探、炼油到市场销售。同时，横向合并也存在于行业中，通常是通过企业的兼并和收购方式实现。20世纪70年代以前，大型石油公司因占有85%的油气储量而控制整个石油行业，而到了70年代末，由于全球大部分的探明油气储量国有化，大型石油公司的控制能力也随之瓦解（Victor，2007）。20世纪90年代的低油价和低利润导致了私有石油公司的合并。90年代末期和21世纪初期的强强联合造就了今天的国际石油公司。表2.5总结了国际石油公司间最大型的合并案。

表2.5 油气行业主要并购交易

收购方	目标	时间	交易值（十亿美元）
BP公司	阿莫科公司	1998	53
道达尔公司	菲娜石油公司	1998	11
埃克森公司	美孚公司	1999	81
BP公司	阿科公司	1999	26
道达尔菲娜公司	埃尔夫公司	1999	48
雪佛龙公司	德士古公司	2000	35
飞利浦公司	托斯科公司	2001	7
康诺克公司	加拿大海湾公司	2001	6
飞利浦公司	康诺克公司	2001	15

资料来源：作者根据Ocbsee等"油气行业主要并购交易"图编辑（2010，7）。

尽管国际石油公司位列全球最大型的公司，但是如前文所述，当前石油行业市场结构是由国家石油公司主导的。在盎格鲁－萨克逊公司控制着中东地区绝大多数石油储量，即所谓的"石油七姐妹"❶时代之后，产生了一场影响深远的权力转移，国家石油公司通过控制全球油气储量形成了新的"石油七姐妹"（Hoyos，2007）。如今，在全球油气储量竞争中，大型国际石油公司与独立石油公司和包括英国天然气集团、法国天然气苏伊士集团在内的中型石油公司互相对抗。

与此同时，油服公司通过提供资产、设备、技术、劳动力和项目管理帮助包括国际石油公司在内的石油公司进行油气勘探和开发。油服公司为油气井的开采提供更广泛的服务，包括地球物理、地质研究、钻井、井口支持和工程服务等。石油装备制造公司主要经营油田设备、钻头、钻井液、钻机、起重机、油管、泵、阀门、井口装置等。

2012年，《经济学人》杂志将数以千计的油服公司划分为三类：持有和租赁钻探设备的公司［如越洋钻探公司（Transocean）、诺贝尔公司（Noble）和海洋钻探公司（Seadrill）］、制造和销售钻探设备或海底设备的公司［联邦海事公司（FMC）、卡梅隆公司（Cameron）和美国国民油井公司（National Oilwell Varco）］以及承接石油勘探开发作业服务的公司［主要由4家公司控制：斯伦贝谢公司（Schlumberger）、哈里伯顿公司（Halliburton）、贝克休斯公司（Baker Hughes）和威德福国际公司（Weatherford International）］。

本书旨在考虑范围较大的经营活动，因此油服公司被归于以下6类：

（1）物探公司。从事地球物理勘探的公司提供地震数据处理、解释、油藏描述和监测服务等。主要有法国地球物理公司（CGG Veritas）、西方奇科公司（Western Geco）、挪威地球物理公司（PGS）和东方地球物理公司（BGP）。

（2）钻井公司。包括定向钻井公司、陆上钻井公司和海上钻井公司。包括越洋钻探公司（Transocean）、恩斯克公司（Ensco）、海洋钻探公司（Sea Drill）和诺贝尔公司（Nobel）。

（3）油井服务公司。技术导向型公司，主要负责上游业务的地层构造、有利区预测和钻井完井。此类公司经常会发生并购重组，由四家公司主导了大部分业

---

❶ "石油七姐妹"一词由后来成为意大利国家石油公司埃尼总裁的企业家Enrico Mattei发明于20世纪50年代，用来描述二战后控制着中东地区石油行业的盎格鲁－萨克逊系公司。"七姐妹"指代在20世纪40年代中期至70年代组成"伊朗联盟"卡特尔，并控制着全球石油行业的7家石油公司。这些公司分别是英伊石油公司（现在的BP公司）、海湾石油公司，加利福尼亚标准石油公司，德克萨斯标准石油公司（现在的雪佛龙公司），荷兰皇家壳牌公司，新泽西州标准石油公司（Esso公司）以及纽约标准石油公司（Socony公司，现在的埃克森美孚公司）。当今新的"七姐妹"一般指国家石油公司，如沙特阿美公司、俄气公司、中国石油天然气集团公司、伊朗国家石油公司、委内瑞拉国家石油公司等（Hoyos 2007）。

务，它们是斯伦贝谢公司、哈里伯顿公司、威德福公司和贝克休斯公司。

（4）工程、采购和建设公司（EPC）。负责油田相关设施的工程建设、采购、设计和施工的公司（如平台和炼厂），主要有德希尼布公司（Technip）、塞班公司（Saipem）、阿克尔公司（Aker Solutions）、艾梅公司（Amec）和西班牙联合技术公司（Tecnicas Reunidas）。

（5）海洋公司。设计、生产海上油田开采处理系统及产品并提供服务的公司，如德希尼布公司、塞班公司、FMC科技公司（FMC Technologies）和喀麦隆公司（Cameroon）。

（6）设备生产和制造商。生产油管、钢管、阀门、泵、压力装置等设备的公司，如美国国民油井华高公司、兰德集团（Dresser-Rand Group）、海洋国际公司（Oceaneering International）、美信达科技公司、劳斯莱斯公司（Rolls Royce）和美国通用电气公司（GE）。

上述油服公司直接参与了油气开采和设备应用过程。同时，它们也提供环保和安全服务，如环境监测、废弃物处理、装配和建设（油轮、钻机制造商和造船厂）以及其他类型的服务如井场维修、直升机运输、船运、驾驶油船和潜水等。

油服公司既可以是类似斯伦贝谢公司这种提供广泛服务的大型公司，也可能是瞄准特定市场的小型的专业公司，比如专攻非常规油藏最优化处理的公司。针对特定市场服务的公司数量比较有限，如提供海洋和深水钻探服务的公司仅有4～5家。表2.6列举了市值排名前列的几大油服公司。

表2.6 主要油服公司市值

公司	总部位置	市值（百万美元）	收入——共12个月（百万美元）
斯伦贝谢公司	美国—法国	116853	47589
哈里伯顿公司	美国—迪拜	39276	32572
贝克休斯公司	美国	28636	23414
国民油井华高公司	美国	19936	21371
中国油田服务公司	中国	16623	5355
吉宝公司（Keppel Corp）	新加坡	12061	10185
威德福国际公司	瑞士	11521	14109
海洋石油设计-A（Offshore Oil Engineering-A）	中国	10300	3353
卡梅伦国际公司（Cameron International）	美国	10171	10396

续表

公司	总部位置	市值（百万美元）	收入——共 12 个月（百万美元）
FMC 科技公司	美国	9906	7813
黑尔梅里希 & 佩恩公司（Helmerich & Payne）	美国	8130	3877
德希尼布公司	法国	8086	14095
越洋钻探公司	美国	7300	8878

注：Bloomberg 显示其数据库中包括 436 家油气设备和服务公司。表 2.6 中包括的公司截至 2015 年 5 月 22 日市值大于 70 亿美元。关于公司总部信息并不来自 Bloomberg，是由作者添加。

资料来源：作者根据 Bloomberg 数据编辑（截至 2015 年 5 月 22 日）。使用 BloombergL.P. 版权许可。版权所有。

20 世纪 70 年代后期，石油服务行业有所扩张。70 年代的石油危机❶迫使国际石油公司精简机构，并把一些特定的经营活动外包给油服公司（Baxter，2009；Macalister，2011）。作为斯伦贝谢公司的前董事长兼总裁，现 BG 集团的董事长，安德鲁古尔德（Andrew Gould）曾表示在 70 年代以前石油服务行业仅限于北美地区。在北美之外，石油公司依靠自身完成绝大多数经营活动。石油危机之后的业务外包趋势给了油服公司快速扩张的机会。"石油价格暴跌之后，很多石油公司运营商缩减了科研投资，并且很乐意把过去许多由公司运营的业务外包给服务公司。随后，为了优化支出，两家北美地区的石油巨头（BP 公司和壳牌公司）开始把整装业务合同外包给服务公司"（引自 Andrew Gould，《发现石油》，2012）。

石油行业外包服务的增加促进了油服公司的繁荣兴旺，可是好景不长，1986 年和 1998 年两次石油价格暴跌改变了这种局面，并促使油服行业发生结构性改变。1986 年，石油价格跌至每桶 10 美元以下，国际石油公司纷纷要求油服公司减少服务费用。随后的服务费缩水使油服公司陷入了财务危机，迫使油服行业在 20 世纪 80 年代和 90 年代进行了一系列的合并和重组。据一位行业专家称，影响最巨大、持续时间最长的行业衰退期自 1982 年始于美国，到 1986 年蔓延至全球其他国家。衰退期持续了近 20 年（1986—2006 年），仅在 90 年代中期有过短暂的好转。在这个低迷时期，许多油服公司状态不佳，面临着重大的财务和运营危机。到 2004 年，几家油服公司已经濒临破产。例如，哈里伯顿公司披露其在

---

❶ 20 世纪 70 年代第一次石油危机发生在 1973 年，当时阿拉伯石油生产商实施禁运。禁运的目的在于联合抵制美国和西方国家，因其在以色列对埃及的赎罪日战争中支持以方。禁运使得 1974 年油价从每桶 3 美元飙升至每桶 12 美元（Macalister，2011）。1979 年石油危机发生在伊朗革命后，对伊朗石油工业的国有化和伊朗石油产量的锐减导致了恐慌。油价在一年内由 15 美元飙升至 39 美元，各国争相保证各自的石油供给也导致了世界范围的供应短缺（Baxter，2009）。

2002—2004年间每年净亏损接近10亿美元❶（哈里伯顿公司，2004）。部分油服公司面临破产，引起了整个行业的关注。一些行业专家认为国际石油公司应在此时期提供支持，帮助油服公司克服难关。

在行业低潮期，油服公司开始重组并投资于科技创新。重组使油服公司数量减少，但是出现了几家大型的油服公司，例如行业内主要的地球物理公司已经从12家缩减成3家。斯伦贝谢公司、贝克休斯公司、哈里伯顿公司和威德福公司已经显著地成长为更大型的公司并开始提供更加综合的服务。

截至2012年12月，斯伦贝谢公司是全球最大的油服公司。依市值计算，油服公司的排名为斯伦贝谢公司、美国国民油井华高公司、哈里伯顿公司、意大利塞班公司和贝克休斯公司。如表2.6所示，钻井服务占油服行业总收入的35%左右，井口支持服务以及装备制造分别占45%和20%（Hoovers，2009）。美国和欧洲的油田服务公司在行业中占主导地位，但美国油服行业市场规模几乎比欧洲同业大四倍。尽管互有重叠，美国的油服公司更多地提供钻井和井口支持服务（泥浆录井、供应船、增压泵），而欧洲公司侧重于安装、工程设计、建造和地震勘探活动（Hermann等，2008）。❷

由于融资困难和技术挑战，当今的全球行业结构呈现出大型公司和小型公司并存，中型公司市场份额逐渐减少的局面。首先，油价暴跌导致融资困难而引发行业并购，如前文所述，在行业不景气时期，迫于竞争压力，油服公司互相合并。其次，石油项目规模不断增大，需要更先进的技术，而能为这类项目提供所需专业技术的公司数量有限，只有财务状况良好的油服公司能够承接这类大型的、管理更复杂和更具有技术挑战的项目。上述两种情况，即融资困难以及大型项目管理和技术方面的挑战，规模更大的油服公司才能更好地适应，这导致了油服行业大公司之间的合并。合并产生了超大型全球化油服公司，具有全套服务能力，从而取代了中型公司。剩余的中型公司也选择合并以增大其规模。例如Acergy公司和Subsea 7公司在2010年合并，并与大型公司，如德西尼布公司和意大利塞班公司开始竞争。在合并时，这两家公司公告称"海上项目的规模和技术复杂程度不断加大，由于前往更偏远地区和在更恶劣的环境下开采储量的需求日益增加，合并后的新公司将更好地适应这种需求。"（Goldstein，2010）。当前，大型油服公司提供的服务或者范围更广，或者在特定领域更加专业。例如，斯伦贝谢公司通

---

❶ 2002年、2003年和2004年，哈里伯顿公司的亏损分别为9.98亿美元、8.2亿美元和9.79亿美元。
❷ 在美国，钻井和相关作业支持工作在一个油田的资本性支出中占比为30%～50%，且为相关油服公司产生30%～50%的营业利润率。相比之下，欧洲的工程设计和施工业务需要巨额的资本性投资，但仅产生不到6%的利润率。这一对油田资本性投资和利润率结构性区别的对比或许可以解释为什么美国的油服行业盈利能力更强（Hermann等，2008）。

过定期评估其工作流程和行业需求,不断拓宽服务范围;又如卡梅隆公司专业提供技术装备,特别是防喷装置。

除了大型油服公司,行业中充斥着大量的小型公司,例如 Reef Subsea 公司,这是一家小型的海上承包商,受雇于大型油服公司,提供专业技术分包服务。这些小型服务公司专注于特定领域的技术,一旦公司的规模发展壮大,便很可能成为大型油服公司的收购对象。

油服行业的结构因此变得更加两极化,占统治地位的大型公司和众多小型公司市场份额不断上升,中型油服公司市场份额逐渐减少。据行业专家称,中型油服公司或被大型公司收购,或在供应链中被排挤出局。换言之,由于融资困难和技术挑战,行业呈现出"瀑布效应"❶。

2.1.2 石油行业价值链的特性

(1) 陆上/海上。

对于陆上油田和海上油田,尽管主要的作业活动——勘探、地震研究、钻井等是类似的,但价值链分布有很大区别。海上油田通常距陆地数千米远,且需要在更加困难的压力环境下在海床上钻井。海上油田钻井需要应对诸如深水环境、远程物料供应、钻机没有支持基地以及经常性的恶劣天气。海上的作业环境会非常艰难,在某些极端情况下,较深钻孔中的压力和温度可达到 35000 磅/英寸^2(241 兆帕)和 500 ℉(260℃)。因为海上作业相比陆上更具复杂性,通常海上项目需要更多公司的参与,采用更先进的技术,以及需要更大规模的资本性投资。

对于同时参与陆上和海上油田作业的油服公司,陆上作业活动一般会产生更高的总收入,但海上作业常常利润更高。例如,2011 年萨伊博姆公司陆上油田服务总收入 66.85 亿欧元,海上收入 59.08 亿欧元,但从利润率角度看,海上服务的息税折旧摊销前利润(EBITDA)达到 13.84 亿欧元,高于陆上服务的 7.51 亿欧元。由于资产和投资的特点,海上油田服务的报酬率通常较高(Saipem,2012)。

根据一份访谈资料显示,由于海上油田需要更大量的资本投入,在其投资周期中,宏观经济上的不确定性对海上项目有更大影响:在 2009—2010 年间,有一批大型的陆上油田项目授标给油服公司,但在 2008 年经济危机后,启动的大型海上项目数量明显减少,这是由于各国际石油公司普遍希望推迟高风险项目投资上马。

---

❶ "瀑布效应"用来描述由行业价值链上不同层级的公司同时发生兼并收购导致的串联式集中效应。全球性公司的第一层级产品和服务供应商经历兼并重组,引发了其各自产业部门内的整合,从而产生出世界级领先地位的新公司。这会使得压力依次向下级供应商网络传导,行业集中度的快速发展在许多向行业整合人提供产品和服务的部门都有发生(Nolan 等,2005)。

尽管陆上和海上油田都要聘用油服公司，但只有少数油服公司具备在恶劣的海上作业条件下从事服务所必需的技术和能力。因此，相比陆上油田，海上油田项目领域供应链上公司的合并程度更高。

（2）先进技术。

尽管在石油行业中，上游和下游都是复杂领域，但单从技术角度看，上游领域某些部门更具有技术挑战性。例如，国际石油公司在陆上油田中钻井深度可能要达到12376米❶，在海上油田中可能需要在2450米水深位置固定生产平台（今日俄罗斯，2012；Shell公司，2010）。一些深水和超深水❷项目要在距陆地150～300千米、水深1000～2000米的海域打井，而储层位于海床下1000～5000米（MMS，2008）。在这种深度，所有钻井和生产工作都必须由远程遥控潜水艇（无人驾驶潜水艇）来完成，并且要求更先进的设计建造水平以应对高温高压（HPHT）❸环境。一旦开采的原油从这种高温高压环境下抵达海床，就要使用特殊的海底电缆，来监控保护产出的油气在普遍低温（4℃）和极端压力环境（14兆帕）的海底环境下，顺利通过上千米的海底管网。

在一份给英国国会的演说中，英国油气工业协会首席执行官Malcolm Webb展示了深海石油开采的独特技术挑战，如更深的水深、更高的压力以及如何成功操作连接井口和生产平台的超长立管（英国国会，2011）。克服所有这些技术挑战要通过采用更先进的技术——例如卫星实时的动态定位系统、三维地震成像技术和可在地下5000米作业的远程遥控装置——这使得国际石油公司和油服公司名列世界上技术最先进的公司之中。

一个能很好证明这种技术上先进性的案例是由壳牌公司运营的Perdido生产平台。这个生产平台完成了世界上最具技术挑战性的壮举，在强大的飓风横扫海面、海底崎岖不平，以及由超高压和接近冰点的温度带来各种挑战的环境下进行油气生产。石油历史学家、休斯顿大学教授Tyler Priest将Perdido描述为"全世界最具技术先进性的设施"，并称"Perdido开辟了全新的深水油气生产前沿"（引自Tyler Priest在壳牌公司的讲话，2010）。为了应对技术上的复杂性，国际石油公司配置了最先进的IT系统。在2009年，位于法国西南部的道达尔勘探与生产科学技术研发中心使用的超级计算机的运算能力已从每秒122万亿次浮点运算

---

❶ Esson Neftegas公司（ENL）在俄罗斯远东地区萨哈林大陆架Chayvo油田完成了世界上钻井深度最深的打井任务，Z-44井的井深达到12376米（今日俄罗斯，2012）。

❷ 区分浅水和深水的界限为水下656～1500英尺（200～457米）。美国权威机构将深水定义为水深等于或超过1000英尺（305米），超深水定义为水深等于或超过5000英尺（1524米）（MMS，2008）。

❸ 高温高压被正式定义为无分支井底温度超过300℉（149℃），且孔隙压力至少为0.8psi/ft（约15.3lbm/gal）或需要使用10000psi（69.95兆帕）等级防喷器的情况（斯伦贝谢公司，2012）。

(Tflops)提升至每秒 450 万亿次。据道达尔公司称,他们使用的超级计算机的运算能力仍在定期升级,不久将达到每秒 1000 万亿次,预计在 2020 年将达到百万万亿次(Total,2012 年报)。行业专家称,只有航天和核工业技术需要采用比石油工业运算能力更强的超级计算机。

2.1.3 石油行业价值链的独有特征

除上述特点外,石油行业的供应链对比其他行业,还有几个的关键的、独有的不同之处。为便于理解国际石油公司和油服公司在行业价值链中的各自角色,我们有必要先了解对比其他行业,石油行业价值链的这几个关键的不同特征。

首先,在石油工业的供应链中,终端产品是石油,而不是如汽车、飞机这类装配制造而成的产品。在汽车和飞机制造业中,采购环节至关重要,因为采购的中间产品将作为一个部件,直接用于装配一辆汽车或一架飞机。但在石油行业,采购的商品和服务是用于建造一个平台、钻探一口油井,而并不是装配终端产品的一部分。

其次,采购部件的价格在制造业中非常关键,因其会直接构成最终产品价格的主要部分。在石油行业中,向油服公司支付的勘探生产项目的服务费对于国际石油公司同样重要,它是国际石油公司的主要成本构成。但是,这些成本本身并不能决定一个油田的盈利能力。油田的主要价值在于产出石油的收入,而并不取决于采用何种工具开采石油。每个油田的盈利能力更大程度上受到石油产量以及油价走势的影响。此外,制造业终端产品在其生产周期内,一般不会有巨大的价格波动,但国际市场石油价格却常常经历激烈的价格振荡。例如,在 2009—2015 年间,布伦特油价的振荡区间为 36～147 美元,这反映了国际油价的常态性波动。

第三,石油行业的一个主要特点是,大部分装备和服务都是为每一个项目特别定制的。尽管也有一些类似管材、阀门这样的标准件在油田开发中通用,但绝大部分装备及服务是特别定制的。这是因为每一个油田的开发都具有其独特性,使得装备的标准化生产相对有限。每个油田都会呈现不同的技术挑战,因此要应用不同的技术和装备。国际石油公司需要服务商为每个油田提供定制的技术和服务,这些技术和服务会包含最新的概念和技术进步成果。在供应链中,技术研发至关重要,因为技术和设备的进步对于准确定位油藏和提高采收率起到关键作用。这种定制的装备和服务不会出现在大批量重复生产相同产品的汽车和飞机制造业中,在这些行业中,核心的整合人与每家供应商就整个产品和每个部件的利润空间进行协商。从供应商角度看,对于其将为核心公司提供整个生产计划中某一特定部件的认知,可以让他们按照核心公司的要求提前制订生产计划、配置生产系

统。核心公司也会积极与供应商沟通生产流程、时间表以及交付产品的规格，以此来管理供应链，避免大批量生产出现意外中断。核心公司还要确认供应商具备财务稳定性，不会在生产周期中破产。

第四，相比其他行业，石油行业的整合人往往要面对更大的不确定性。在制造业中，行业的整合人负责设计和组装终端产品，承担的风险很小，并且从策划和设计阶段开始，不确定性会随着每个生产步骤的完成逐渐变小。而在石油行业，行业的整合人对油田进行设计和开发，并承担所有的"地下风险"。任何一个油田的盈利能力会始终存在一定程度的不确定性。行业的整合人（即国际石油公司）在经历勘探、评价和开发阶段后，才会进入生产阶段，这个流程耗时长且需要投入大量资金。在完成勘探投资和评价、解释地震数据后，国际石油公司必须做出决定是否进行下一步钻井和油田开发计划，不论地下情况的不确定性有多高，石油公司已经在前期投入多少资金，"最终投资决策"（FID）必须在油田开发前做出，由于地下不确定性很高，即便到了 FID 阶段项目仍然存在很大风险。终端产品这种程度的不确定性在其他制造行业是不存在的。因此，石油行业整合人的角色不仅仅是行业价值链的整合人，还是所有不确定性带来的投资风险的最终承担者。

最后，在汽车和飞机制造业，往往只存在一到两家核心公司。例如在飞机制造业，绝大部分供应商服务于波音公司或空客公司。在石油行业，服务商可以向多家公司提供服务，包括国际石油公司，但也包括国家石油公司和独立石油公司。

尽管石油行业的供应链存在着许多的独特性，在本书中，我们仍然认为石油行业是由价值链整合人管控整个行业的很好案例。

2.2 石油行业价值链的演变

石油行业的供应链也逐步发生过几次结构性变革，我们将在下文进行阐述。

2.2.1 外包的增加

石油行业的外包始于第二次世界大战之后，随着几次石油危机的发生和信息技术的进步，行业外包在不断增加。20 世纪 90 年代，信息技术能力在钻井、油藏管理、复杂系统建模和油气管网系统控制等领域的作用愈发重要。专业技术和信息技术运算能力的进步使得外包对于国际石油公司更具有吸引力。先进的信息系统不仅确保了外包比公司内部处理业务更简单、更有效，也为国际石油公司节约了大量成本费用。油价下跌，加之 90 年代油气开采成本的大幅上升，过去国际石油公司全部业务内部处理的模式产生的利润空间被压缩。在控制成本逐渐重要的时期，外包被视为降低成本的有效方式。

石油行业存在许多不同模式的外包，其效果已经得到了印证。例如，国际石油公司不会连续进行钻井活动，只有在打井阶段才需要钻井员工和设备。外包使得国际石油公司可以在需要时才动用这些资源。不同的石油公司视其需要来动用（由钻机、钻井船等资产构成的）钻探能力，并通过资源共享来降低成本。同时，多家供应商的竞争使得国际石油公司的成本进一步降低。

多年以来，外包业务逐步扩展到管理系统、平台建造等石油行业的多个领域。这使得国际石油公司的一大部分业务功能被转移到油服公司。随着国际石油公司逐步转变为以外包为基础的经营模式，得益于外包创造的实践机会，一批高资质的油服公司发展起来。当今的石油行业服务领域较30年前有明显的发展壮大。现今的国际石油公司仅保留了最核心的业务部门，而将大部分其他业务外包给油服公司。

尽管目前的大趋势是外包业务的不断增加（项目管理、陆上和海上设施的设计建造等），有一段时期国际石油公司也意识到了对外包的过度采用，以至于逐渐失去核心竞争力。因此，某些从前被外包的业务后来又被收回，这些影响石油公司核心竞争力的业务被重新整合回国际石油公司的经营模式中。行业专家给出了一个案例，15年前，一些国际石油公司将生产阶段"油田的运营维护"进行了外包，斯伦贝谢公司、威德福公司等油服公司抓住机会专注积累油田开发和运营的专业知识，并最终有能力直接和国际石油公司竞争。不过当国际石油公司意识到油田运营是一个紧俏市场，而他们正在失去在这个市场竞争的核心能力时，他们逐步收回了这些外包业务。

除了选择哪些业务进行外包，外包的程度也一直是国际石油公司研究思考的重点。据行业专家称，尽管国际石油公司的业务范围不断扩大，他们在工程设计和施工项目管理上的投资正在不断减少。由于交钥匙工程和EPC（工程设计、采购和建造）总包合同模式的兴起，国际石油公司不断裁减工程和施工人员。不过，一位业内专家表示，部分国际石油公司已经意识到EPC合同的局限性，并认为他们已经在这个领域走得太远了。EPC合同被认为适用于定义明确的、成熟的技术，但对于需要新技术的、开采难度大的油田却并不适用。一些国际石油公司认为，一定程度的工程设计，如前端设计还是应该保留在公司内部进行。

另外，如钻井等业务，尽管国际石油公司对于将这项业务外包并没有异议，但控制外包的能力及一旦发生事故后的责任划分还是被重新进行了评估。过去，国际石油公司曾普遍拥有自己的钻井队和钻机。从20世纪80年代起，他们开始将这项业务外包，很多驱动因素使得这种外包对于国际石油公司很有吸引力。例如，钻机需要被充分使用才能实现其价值，如果国际石油公司拥有数台钻机，就需要管理这些钻机，在其全球项目之间调动这些钻机的使用，这是一项繁重而复杂的管理工作。此外，由于当前很多项目都是与国家石油公司或其他伙伴公司合资运营的，国际石油公司并不拥有项目100%的权益来决定使用自有钻机，而是要向伙伴公司证明自家钻井业务的优势。国际石油公司很可能无法提供足够的工作量保持其钻机全年的使用率。因此，国际石油公司选择彻底外包钻井业务。尽管原则上这是一个有吸引力的选项，近期发生的几起事故让国际石油公司重新思考其对钻井业务的控制以及事故责任的分担。2010年夏季发生的BP公司墨西哥湾漏油事故充分揭示了使用油服公司钻井服务的风险点。数家国际石油公司随即指出，如果他们要在事故发生后承担全部责任，那么国际石油公司或要亲自作业，或应该在更大程度上控制该外包的作业。

不同的国际石油公司选择进行外包的业务各不相同，例如一位行业专家称，BP公司会外包基础的工程设计，但埃克森公司将这部分业务保留在内部。不过，对诸如施工建造、钻井和油井服务，几乎全部的国际石油公司都会外包。国际石油公司普遍认同他们不需要内部掌握如何建造船只、处理厂和炼厂的技术，这不仅仅会分散管理重点，也会大幅增加成本。这些工作由油服公司按照国际石油公司给出的指定参数来完成。例如，国际石油公司在总体层面上设计浮式生产储油卸货装置，而将建造工作留给油服公司进行。

究竟哪些业务应该被外包，以及从整体运营和各个单项业务角度考虑，纵向的业务剥离应该做到何种程度，关于这些问题的思考与探讨一直在进行中。在应用新技术，或面对复杂的地质构造时，国际石油公司普遍倾向于直接管理、执行和控制全部的作业活动。国际石油公司目前的普遍共识的是，对于"更接近石油"的专业和业务板块，首要考虑的应该是质量而非成本，这些业务板块应保留在公司内部。也就是说，凡是涉及地下和油藏情况的业务（例如地震解释和钻井设计）应该保留，因为它们直接决定了是否应该对油田进行下一步投资。一旦国际石油公司做出了投资和开发油田的决策，关注重点就转移到了控制成本，因此之后的业务活动普遍被外包以降低成本。一位服务于国际石油公司的行业专家将其总结为"高定服装都由公司内部制作，标准化的服务和产品则被外包"。

哪些业务外包还取决于项目所在地实际情况和人力资源状况。尽管国际石油公司有时倾向于将某项业务保留在内部，但在一些地区会出现合格雇员短缺的情况。此时，国际石油公司必须根据当地可调动的资源以及成本来考虑如何开展外包业务。

对于外包业务的集成和整合，如道达尔公司和埃克森公司等一些国际石油公司倾向于亲自管理，而由于成本和油田复杂程度的增加，其他国际石油公司和一部分独立石油公司则倾向于运营一个由油服公司管理和整合好的项目。

所有国际石油公司都认同的一点是，评估外包业务好坏的能力是非常关键的，应该始终保有这种能力。多位行业专家都表示，一旦公司没有能力审查评估其供应商的服务质量，问题就一定会发生。国际石油公司必须保有足够的专业水平来评价油服公司的工作质量。质量管理和质量控制非常关键，国际石油公司几乎从不外包这部分工作。此外，国际石油公司还应该对现有技术和新技术发展方向有充分的了解和掌握，以保证其有能力在外包时选择最适合的技术和服务。

2.2.2 逐步进行的业务板块纵向剥离

如前文所述，国际石油公司的业务整合及业务的纵向剥离在不断发展演变。20世纪50年代前，国际石油公司通常更倾向于纵向一体化的经营模式，他们使用自有的钻机、储罐和各种技术。例如，在60年代，壳牌公司自主运营着在尼日利亚的项目中的一切业务，甚至包括餐厅和直升机。

业务外包的增加、高资质油服公司的发展都加快了国际石油公司业务板块纵向剥离的进程。每一家国际石油公司都在根据其公司的组织架构，研究决策业务纵向剥离的程度并开始实施。在20世纪90年代，部分国际石油公司，如壳牌公司和BP公司开始剥离所有项目执行阶段的相关业务，转而专注于资产管理。其业务核心被定义为"成为油藏专家"，而非"成为实施油田开发的主导者"。他们开始以资产组合经理人的身份要求自己，专注收购和管理油田项目，类似于银行的投资组合经理。不过，当他们意识到自己正在逐步失去关键的技术能力和技术资源后，部分业务板块又被重新整合回公司内部。例如，据行业专家称，1990—2000年间，BP公司决策将除了资产管理以外的所有业务外包，以专注于勘探和其他长期规划。随后BP公司关闭了工程部和相关实验室，将工程师团队替换为项目经理，决意做"懂行的买家"而非"工程师"。随之BP公司成为行业里业务板块纵向剥离程度最大的国际石油公司，甚至将某些被普遍认为是石油公司核心专业能力的业务，如地震数据解释也进行了外包。一位受访者提到，BP公司将地震数据公开放在网上，并邀请所有服务商提供数据解释。不过，在发生了几起备受瞩目的事故后，BP公司决定将工程设计等核心业务能力重新整合回内部。例如其决定在美国重建炼化部门，并重设相关实验室（剑桥大学BP学院），以恢复监督和控制承包商的能力。另一个案例来自壳牌公司，壳牌公司在20世纪80年代后期裁员了一批地质和地球物理专家，不过在2000年后又开始将勘探生产、地质等技术资源重新整合回公司内部。

参 考 文 献

Baxter, K. 2009. "Ten Events in Oil's History that Shook the World." *Arabian Oil & Gas* [Online], 7 July. Accessed 5 December 2012. http://www.arabianoil andgas. com/article-5817-10-events-in-oils-history-that-shook-the-world/6/.

Blum, J. 2005. "National Oil Firms Take Bigger Role." *The Washington Post*, 3 August.

BP. 2011. "Summary Report 2011." Accessed 3 October 2012. http://www.bp.com/ assets/bp_internet/globalbp/globalbp_uk_english/set_branch/STAGING/com mon_ assets/bpin2011/downloads/BP_Summary_Review_2011 .pdf.

BP. 2012. "Our History." Accessed 15 June 2012. http://www.bp.com/extendedsec tiongenericarticle.do?categoryId=9039337 & contentId=7036819.

Broxson, B. 2012. "National Oil Companies: Where Are We Now?" FTI Consulting, Houston Energy Group. Accessed 23 September 2012. http://www.haynesboone. com/files/Event/02c47aef-a062-470f-9136-296948be290f/Presentation/Even tAttachment/36c9cee9-ec2b-4f3a-bf48-023c26343e4e/Bob%20Broxson%20 White%20Paper%20Hou%20oil%20and%20Gas%20Conference%20(2.pdf).

Chevron. 2011. "Annual Report 2011." Accessed 5 September 2012. http://www. chevron.com/annualreport/201l/documents/pdf/Chevron2011 AnnualReport.pdf.

Chevron. 2012. "Saudi Arabia: Record of Achievement." Accessed 1 May 2012. http:// www.chevron.com/countries/saudiarabia/recordofachievement/.

CNN. 1999. "Exxon-Mobil Merger Done." *CNN Money* [Online], 30 November. Accessed 1 September 2011. http://money.cnn.com/1999/11/30/deals/exxon mobil/.

ConocoPhillips. 2011. "Growing Value: 2011 Summary Annual Report." Accessed 5 September 2012. http://www.conocophillips.com/EN/about/company_ reports/ annual_report/Documents/ConocoPhillips%202011%20 Summary %20 Annual%20Report.pdf.

Economist. 2012. "The Unsung Masters of the Oil Industry." *The Economist*, 21 July.

ExxonMobil. 2011. "Summary 2011 Annual Report." Accessed 5 September 2012. http://www.exxonmobil.com/Corporate/Files/news_pub_sar2011.pdf.

ExxonMobil. 2012. "About Us: Our History." Accessed 1 June 2012. http://www. exxonmobil.com/Corporate/history/about_who_history_alt.aspx.

Finding Petroleum. 2012. "Andrew Gould—Take Advantage of Service Industry Competition." *Finding Petroleum* [Online]. Accessed 7 August 2012. http:// www. findingpetroleum.com/n/Andrew-Gould-take-advantage-of-service- industrycompetition/07029379.aspx.

Forbes. 2011. "The World's Biggest Public Companies, 2011." *Global 2000*.

FT. 2011. "FT Global 500 December 2011." *The Financial Times*.

Funding Universe. 2012a. "The British Petroleum Company pic History." *Funding Universe* [Online]. Accessed 1 September 2012. http://www.fundinguniverse.com/company-histories/the-british-petroleum-company-plc-history/.

Funding Universe. 2012b. "Chevron Texaco Corporation History." *Funding Universe* [Online]. Accessed 1 May 2012. http://www.fundinguniverse.com/company-histories/chevrontexaco-corporation-history/.

Goldstein, S. 2010. "Acergy, Subsea 7 Rally on $5.4 Billion Merger." *The Wall Street Journal*, 21 June.

Halliburton. 2004. "Looking Beyond: 2004 Annual Report." Accessed 5 December 2012. http://ccbn.mobular.net/ccbn/7/l132/1191/.

Hermann, L., J. Copus, and J. Hubbard. 2008. *A Guide to Oil & Gas Industry*. Global Markets Research. London: Deutsche Bank.

Hermann, L., E. Dunphy, and J. Copus. 2010. *Oil & Gas for Beginners: A Guide to the Oil Industry*. Global Markets Research. London: Deutsche Bank.

Hoovers. 2009. "Oil and Gas Field Services: Industry Overview." http://www.hoovers.com/oil-and-gas-field-services-/_ID_ _217—/free-ind-fr-profile-basic.xhtml.

Howat, I. 2006. Presentation. Finance and Investment Seminar. Edinburg, University of Stirling.

Hoyos, C. 2007. "The New Seven Sisters: Oil and Gas Giants Dwarf Western Rivals." *The Financial Times*, 12 March.

Hussain, R., T. Assavapokee, and B. Khumawala. 2006. "Supply Chain Management in the Petroleum Industry: Challenges and Opportunities." *International Journal of Global Logistics & Supply Chain Management* 1: 90-97.

Jaffe, A.M., and R. Soligo. 2007. "The International Oil Companies." The James A. Baker III Institute for Public Policy, Rice University. Accessed 24 January 2009. http://www.bakerinstitute.org/programs/energy-forum/publications/energy-studies/docs/NOCs/Papers/NOC_IOCs_Jaffe-Soligo.pdf.

James, R.A. 2011. "Strategic Alliances between National and International Oil Companies." Program on Energy and Sustainable Development, Stanford University: 104. Accessed 12 January 2012. http://iis-db.stanford.edu/pubs/23377/WP_104%2C_James%2C_NOC-IOC_Stategic_Alliances%2C_25_October_2011.pdf.

Jessen, R. 2009. "IOC Challenge: Providing Value Beyond Production." *Oil & Gas Journal* [Online], 107. Accessed 2 February, http://www.ogj.com/arti cles/print/volume-107/issue-5/general-interest/special-report-ioc-challenge-providing-value-beyond-production.html.

Macalister, T. 2011. "Background: What Caused the 1970s Oil Price Shock?" *The Guardian*, 3 March.

MMS (Minerals Management Service). 2008. "Deepwater Gulf of Mexico 2008: America's Offshore Energy Future." New Orleans: US Department of the Interior.

Nolan, P., D. Sutherland, and J. Zhang. 2002. "The Challenge of the Global Business Revolution." *Contributions to Political Econom* 21: 91–110.

Nolan, P., J. Zhang, and C. Liu. 2005. "The Global Business Revolution, the Cascade Effect and the Challenge for Catch-up at the Firm Level in China." Globalisation and International Business, MBA Module.

NY Times. 2015. "An Extensive Subset for the Brent Oil Field." *The New York Times* [Online], 18 February. Accessed 3 March 2015. http://www.nytimes.com/2015/02/19/business/international/royal-dutch-shell-dismantling-brent-oil-field-in-north-sea.html?_r=0.

Ochssee, T.B., C. Linde, J. Meijknecht, and T. Smeenk. 2010. "Competition and Cooperation of Economic Agents in Natural Resource Markets: A Dynamic Market Theory Perspective." *Polinares Consortium* [Online], 11. Accessed 23 November 2011. http://www.polinares.eu/docs/dl-l/polinares_wpl_dynamic_ market_theory.pdf.

Russia Today. 2012. "Exxon Sets World Record with the Deepest Oil Well on the Russian Shelf." *Russia Today* [Online], 28 August. Accessed 5 September 2012. http://rt.com/business/news/exxon-sakhalin-well-record-727/.

Saipem. 2012. "Presentation to Financial Community Preliminary 2011 Consolidated Results." *Saipem* [Online], 13 February. Accessed 17 March 2012. http://www.saipem.com/site/Home/InvestorRelations/artCatPresentations.2018.1.1000.4.1.html.

Schlumberger. 2012. "High-Pressure, High-Temperature." *Oilfield Glossary* [Online]. Accessed 16 May 2012. http://www.glossary.oilfield.slb.com/Display.cfm?Term=high-pressure%2C%20high-temperature.

Shell. 2010. "Shell Starts Production at Perdido." *Shell* [Online], 31 March. Accessed 12 June 2011. http://www.shell.com/global/aboutshell/media/news-and-media-releases/2010/perdido-31032010.html.

第 2 章 石油价值链及其变革

Shell. 2011. "Annual Report 2011." Royal Dutch Shell Pic. Accessed 26 September 2012. http://reports.shell.com/annual-report/2011/servicepages/welcome.php.

Shell. 2012. "Our History: The Beginnings." Accessed 1 December 2012. http://www.shell.com/global/aboutshell/who-we-are/our-history/the-beginnings.html.

Thurber, M. 2012. "NOCs and the Global Oil Market." Program on Energy and Sustainable Development, Stanford University [Online]. Accessed 15 March 2012. http://energyseminar.stanford.edu/sites/all/files/eventpdf/Thurber%20energy%20seminar%20NOCs%2006Feb2012%20final_0.pdf.

Thurber, M., and P. Nolan. 2010. "On the State's Choice of Oil Company: Risk Management and the Frontier of the Petroleum Industry." Program on Energy and Sustainable Development, Stanford University: 99. Accessed 15 May 2012. http://iis-db.stanford.edu/pubs/23057/WP_99,_Nolan_Thurber,_Risk_and_the_Oil_Industry, _l0_December_2010.pdf.

Total. 2011. "Registration Document 2011." Accessed 5 September 2012. http://www.total.com/MEDIAS/MEDIAS_INFOS/5254/FR/TOTAL_Registration_Document_2011.pdf.

Total. 2012a. "The Challenges of Subsalt Imaging." *Total S.A.* [Online]. Accessed 3 December 2012. http://www.total.com/en/our-energies/oil-exploration-and-production/our-skills-and-expertise/the-deep-offshore/expertise/geophysics-201888. html.

Total. 2012b. "An Illustrated History of Total." Accessed 1 December 2012. http://histoire.total.com/index_en.html.

Total. 2012c. "Total at a Glance: An International Energy Provider." Accessed 5 September 2012. http://www.total.com/en/about-total/group-presentation/overview-total-940507.html.

UK Parliament. 2011. "Challenges of Deepwater Drilling." 6 January. Accessed 20 March 2011. http://www.publications.pariiament.uk/pa/cm201011/cmselect/cmenergy/450/45005.htm#nl.

Victor, N.M. 2007. "On Measuring the Performance of National Oil Companies (NOCs)." Program on Energy and Sustainable Development (PESD), Stanford University: 34. Accessed 25 January 2009. http://iis-db.stanford.edu/pubs/21984/WP64%2C_Nadja_Victor%2C_NOC_Statistics_20070926.pdf.

Yergin, D. 1991. *The Prize*: *The Epic Quest for Oil, Money and Power*. New York: Simon & Schuster.

Yergin, D., and J. Stanislaw. 2002. *The Commanding Heights*: *The Battle for the World Economy*. New York: Touchstone.

Zhang, J. 2004. *Catch-Up and Competitiveness in China: The Case of Large Firms in the Oil Industry*. London: Routledge Curzon.

第3章 国际石油公司—油服公司关系变化带来的影响

本章探讨国际石油公司与油服公司之间的关系，在对国际石油公司、油服公司和国家石油公司的行业专家进行深度采访后，总结了主要的商业概念和关键发现。

3.1 国际石油公司和油服公司的关系

3.1.1 行业动态关系：国际石油公司·国家石油公司·油服公司

如前文所述，国家石油公司实际拥有资源，通常与国际石油公司组成合资公司共同运营。随着其能力和所开采油田特征的变化，国家石油公司的角色也在发生改变。巴西国家石油公司（Petrobras）、沙特阿美公司（Saudi Aramco）等国家石油公司已经与国际石油公司水平相当，在多数项目中，更倾向于直接对接油服公司。但也有部分国家石油公司，如尼日利亚国家石油公司（Nigerian Petroleum）和伊朗国家石油公司（Iranian National Oil Company），则需要借助国际石油公司的专业水平，与其合作开发运营。

国家石油公司和国际石油公司的关系随着市场的发展动态地不断演变。传统上，国家石油公司要求参与合作的国际石油公司提供资金并承担投资风险，作为回报，它们将获得部分产出的油气。不过随着油价上升，国家石油公司逐渐积累了充足资本，开始越过国际石油公司，直接雇佣拥有技术能力的油服公司。久而久之，这样的发展趋势有可能从根本上改变国际石油公司的经营模式，并弱化其在石油项目中的领导地位。

当今国际石油公司的职责类似于建筑设计师。一座房产的所有者决定任命一位建筑师去建造一栋房屋。建筑师设计这栋房屋，规定技术细节并将具体工程外包给适合的瓦工、水管工、电工等服务提供者。类似的，国际石油公司进行钻井设计，并雇用钻井和服务公司。因此在某些国际石油公司中，设有名为"石油设计部"的专业部门。在运营一个油田时，资源国政府向国际石油公司提供一定面积的土地，国际石油公司去决定勘探方式、定位油藏、项目进度安排、生产方式以及达成目标所需要的服务。关于勘探和生产现场的所有决定，包括在何处钻井、安全环保标准和措施等，都是国际石油公司的职责。换言之，国际石油公司是油田的作业者、投资者和项目经理。国际石油公司承担着巨大的前期成本以及失败造成的损失，同时也享有成功带来的利润。

国际石油公司对项目全周期中存在的风险点有深刻了解，对油藏情况有专业的认识，这使得它们成为评估、承担和管理大型风险项目的专家。国际石油公司还会进行地缘政治风险分析，并在每个投资项目中承担政治风险。国际石油公司为项目带来的价值是做出技术上的决策、整合贯彻这些决策，以及提供融资、管理并运营项目。总之，历史证实，国际石油公司具有为项目融资、评估风险以及管理和运营在自然环境和政治层面具有挑战性的国家大型项目的成功经验。

国际石油公司成功的关键在于，它能为每项工作找到提供最高服务水平的公司，并将这些服务和技术整合在一起。例如，一个国际石油公司可能选择不同公司进行固井（哈里伯顿公司）、钻井（越洋钻探公司）、测井（斯伦贝谢公司）和数值模拟（法国地球物理公司），将每个领域最好的技术服务整合起来运用在项目中。

国际石油公司的另一个主要特征，是它们存在于油气行业全产业链，以及它们对于全球市场的深度认知。例如，某国际石油公司在卡塔尔开发海上气田并建造液化天然气厂，同时参股位于英国的气化终端设施。国际石油公司将资源国与全球市场连接在一起，它们将终端产品——成品油、天然气、液化天然气或液化石油气——交付到市场。

尽管国际石油公司将某些专业技能转移给了油服公司，但其核心专业能力，如勘探、油藏评价、钻井设计及石油工程仍被内部保留。国际石油公司内部核心能力清单：

（1）地球科学。国际石油公司处理并解释地震资料，集成所有输入，构建地质模型。

（2）油藏。对于油气存在和总量的认知是国际石油公司的核心专长。

（3）钻井设计。钻井方式及对井身的结构设计由国际石油公司决定。

（4）石油工程。国际石油公司作为油田主要设计者，对油田进行开发，并负责整体的项目管理。

（5）油气处理。国际石油公司对采出油气进行分离、加压、脱水和脱硫。国际石油公司利用处理装置，将油、气、水与砂石分离。

（6）核心技术。不同国际石油公司就某些核心技术进行研究、开发并将这项技术保留在公司内部。

整体而言，长期的战略规划及相关决策（如选择油田进行投资、构建资产组合）在内部进行，日常作业活动则外包给油服公司。

另一方面，油服公司为国际石油公司、国家石油公司、独立石油公司、炼厂和化工厂提供产品和技术支持。它们在油田执行指定任务。油服公司一般专注于特定领域，如铺设管道、钻井和地震数据采集。在本书第 4 章案例分析中将就油服公司执行的具体任务举例说明。

3.1.2 国际石油公司和油服公司的经营模式

国际石油公司、油服公司和国家石油公司之间关系的性质造成了油气行业的一个值得关注的困局。油服公司向国际石油公司提供服务，同时也向国家石油公司直接提供这些服务。因此，国际石油公司和油服公司在一些业务领域存在竞争。

油服公司一般被视为"承包商"。尽管一些受访者，尤其是国家石油公司的雇员也将国际石油公司视为"超级承包商"，国际石油公司作为作业者，油服公司作为承包商，它们的经营模式和承担的风险完全不同。国际石油公司投入资本，在油田中获得权益，并追求股本回报率；而油服公司运用它们的设备和技术，专注于追求息税折旧摊销前利润——支付利息、税款、扣减折旧和摊销前的收益。概括来说，油服公司是技术提供者，承担技术风险，而国际石油公司力求掌握地质情况，并承担巨大的资本风险，包括油藏方面和油气价格方面。此外，由于国际石油公司给定了技术要求，向油服公司提供技术参数，它们有责任对油服公司的工作进行监督管理。

国际石油公司和油服公司的经营结构以及它们之间的互动可以从 4 个不同方面分析：收入结构、业务专长、风险承担和技术的研发应用。下文将依次进行检验。

3.1.2.1 收入结构

油服公司的收入来源于向国际石油公司和国家石油公司等客户提供服务。油服公司的收入基本等同于国际石油公司的资本性支出（Hermann 等，2008）。

油服公司的收入与油气产量不直接挂钩，而是取决于其提供服务的时间和成本。多数油服公司按照日费或按钻井"进尺"计费。要说明油服公司与国际石油公司的收入关系，钻井服务提供了很好的示例。国际石油公司并不拥有钻井设备或聘用钻井人员，而是以日费计价同钻探公司签订合同。钻探公司会定期公布新签合同的钻机日费，因此钻探公司的收入基于国际石油公司与它们签约钻机的租期（Harman，2007）。截至 2013 年 12 月，全球共有超过 500 台工作状态的海上钻机，平均租期不到一年。每个月油服公司公布的合同信息中都包含有价值的主要指标，显示了石油行业的成本去向和油服公司的收入来源。前几年油价的高歌猛进致使钻机需求量剧增,从而使日费率达到历史高点。同时,随着钻井需求的上升,其他相关服务(包括供应船、直升机、固井、钻井液和电缆测井)价格也随之升高。国际石油公司通常在全球签有多台钻机同时工作,每台钻机有不同的费率和合同到期时间。由于从费率开始变化到这一变化实际体现在国际石油公司的大部分合同中有一个延时,所以费率的大幅上升或下降需要一段时间才会显著影响石油公司成本结构(Hermann 等,2008)。油服公司的收入与油气行业活跃程度紧密相关,通常以"钻机数量",即全球处于工作状态的钻机数目来衡量(Hermann,2007)。

油服公司的收入产生于项目实施阶段。油服公司需要通过提供地震、钻井和工程建设等服务获得收入,一旦完成了这些工作,收入就不再有上升空间。因此,油服公司的收入只受服务费率波动影响,而与油气勘探发现相关的绝大部分风险由国际石油公司承担。

相反,对于国际石油公司而言,油气发现总量将直接影响其收入。国际石油公司自油田投产开始产生收入,这一收入伴随油田生产一直延续,收入的上升空间与油气产量和价格直接相关。由于新的发现是未来收入的主要来源,国际石油公司在寻找新的石油储量方面投入巨大的努力和时间。如果停止勘探,久而久之,国际石油公司的收入会随着现有油气田产量递减而自然下降。

尽管油服公司的收入不直接与油价挂钩,它们还是会像国际石油公司一样,受益于高油价环境。国际石油公司在高油价环境下获益显而易见,高企的价格让其油田收入现金流折现价值上升,使其资产增值。同时,由于此时主要生产商都会扩大投资,也将惠及油服公司。2007 年至 2008 年间,各行业巨头的资本性支出上涨了 25%～30%,以期增加油气发现概率。在高油价环境下,海上钻探公司的钻机日费率上升至百万美元水平(Hermann 等,2008)。

一个油田项目的成本费用大部分成为油服公司的收入,国际石油公司为每个项目编制预算,为了控制成本,会进行资格预审,筛选一批公司进入招标短名单,确保竞争。

3.1.2.2 业务专长和风险承担

石油行业天然地具有高风险性和不确定性。勘探期的资本投入相对较低,但由于地质上的不确定性,一般认为项目勘探期为高风险阶段。开发期尽管地质风险下降,但由于投资加大,这一阶段也具有较高风险(Thurber 和 Nolan,2010)。资源国政府要求国际石油公司带来技术和资金,并承担勘探开发风险,管理油田的生产经营。对于国际石油公司,其风险包括未找到商业发现、投资沉没以及在整合各种所需技术服务时面临的相关风险。

(1)油藏风险及专业知识:如前文所述,原油存在于沉积岩孔隙中,这些沉积岩埋藏于地下或海底，有时埋藏深度可达地表下 3000 米。即使以今天的技术和专业知识，每五口探井中仍然仅有一口可获得商业发现。即使获得油气发现，油藏中的含油气总量也取决于评价结果。在勘探过程中承担风险、正确评价区块潜力是国际石油公司的业务专长。

国际石油公司一般有成熟的地质模型去判断和评价油气的存在，有机会对多样化的地质数据进行深度处理并从中获益。以往的勘探结果和生产数据可用于对比不同的地质情况，从而对新油田进行更好的评价。因此，国际石油公司在专业上取得权威要得益于规模效应。在后文的案例分析中将进一步阐述在地震服务中，油藏专业能力是石油公司的核心竞争力，并被一直保留在其内部，尽管地震数据采集工作一般均外包给油服公司。

一旦发现油藏位置，国际石油公司将评价地下含油气总量，并相应地限定勘探圈闭和开发条件。换言之，国际石油公司选定勘探位置，评估油藏的技术参数并决定钻井策略。

由于油藏是无法靠肉眼来观测的，具体情况永远取决于油藏评价，因此，有能力评估油藏情况，正确判定油田的预期产量对于石油公司至关重要。在地质勘探方面拥有核心竞争力，使国际石油公司可以正确预测油田的盈利能力，进而驱动整个公司的盈利能力。

油服公司的收入与利润和发现储量并不相关。它们在勘探领域不是专家，油田勘探、发现的储量、储层产能相关风险均不影响油服公司，油服公司也不会以作业者身份开采石油，总之油服公司不承担"未知"部分的风险。油服公司向国际石油公司提供泥浆录井、地震数据采集等服务以便国际石油公司可以解释地质资料。通过使用这些技术服务，国际石油公司得以决定是否投资于这一油气藏。

(2) 投资风险及专业知识：国际石油公司投入大量资金进行油气田勘探时承担了投资沉没的风险，因为发现的储层或油气田并不保证能产出足够产量回收投资。一个新发现油田的资本性支出通常达到数十亿美元，如安哥拉的 Girassol 项目，总投资达 28 亿美元（Total，2003）。

由于新发现油田投资巨大，国际石油公司必须从战略上进行投资决策，任何投资决策都不单独基于这一区块的成本收益，而是从国际石油公司的整体资产组合层面做出综合考虑。在任何一个时点，国际石油公司都同时管理世界各地的投资，并跟踪潜在投资机会，有效管理资产组合对于石油公司的盈利能力而言非常重要。

和国际石油公司不同，油服公司不对油田进行投资。用一句受访者的话来说，"油服公司提供服务，通过过程而不是结果赚钱"。因为油服公司在油田项目实施过程中，以服务费计价取得收入，它们承担的资金风险与国际石油公司不可同日

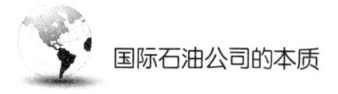

（3）集成整合多项技术的风险及专业知识：绝大多数油服公司专门从事某一领域技术服务，而国际石油公司因其对每项关键技术的利弊的了解，在油气田项目中作为"项目经理"，整合这些单项技术和服务，使之集合成为适用于油田的精密模型。例如，油田勘探初期有很多现成的测井工艺、岩石分析和地震方法，国际石油公司会进行筛选，决定使用哪种方式和工具，并在项目实施中将这些技术整合在一起，来决定进一步勘探投资是否可行。现实情况下，国际石油公司将现有相关技术服务组合在一起，将所有这些具有风险的服务活动作为一个完整项目来管理。

国际石油公司的专长在于为油田的勘探开发寻找最优的技术组合。例如钻井，钻探公司签约钻机和员工给国际石油公司，但采取何种方式钻井，使用何种设备，都由国际石油公司考虑决定。国际石油公司的专业水准体现在为油服公司提供的规定技术参数、开发概念设计和各专项技术的选择。国际石油公司像一个指挥员，为油田运营的方向和开发速率提供指导并担任项目供应链的整合人；协调油田核心经营活动，确保参与的不同服务商成功地协作。油服公司在国际石油公司的指导下完成工作。

多数油服公司提供专项而非集成好的综合技术服务，即使拥有广泛服务范围的油服公司也很少进行集成整合工作，只有少数几家例外，如斯伦贝谢公司可以提供"综合项目管理"服务。

（4）油田开发方案设计：国际石油公司会进行开发方案设计和决策❶，并向油服公司提供技术指标参数、投资决策和技术上的要求，油服公司负责实施。例如，对于油田管网建设，国际石油公司会向油服公司明确提供管线长度、管径和管材的要求，国际石油公司决定最适合该油田项目的各项技术指标，而油服公司根据这些指标铺设管道。

3.1.2.3 研发领域和研发费用

当前油气行业面临的一大挑战是技术的局限性和资源枯竭。随着常规老油田储量开发殆尽，寻找新储量的勘探活动逐步向深水和具有技术挑战性的领域推进。每个新发现油田都面临独特的技术难点，国际石油公司和油服公司投入巨大精力为每个油田项目寻找开发技术解决方案。尽管双方相互配合，但研发领域和研发预算的不同还是说明了双方在技术研发方面的差异。

国际石油公司侧重于研究和评估将新概念应用于油田勘探生产的可行性，主要处理一般科学性问题，进行开放式研究。一旦概念被提出，国际石油公司就会

---

❶例如，国际石油公司将决定使用浮式生产储油卸货装置还是自升式钻塔。

第3章 国际石油公司—油服公司关系变化带来的影响

与油服公司合作，由油服公司研发必要的设备和材料，将之前的技术概念转化为实际应用。如一位受访者提到的，某国际石油公司的研发部门就油田注水的盐度及因此提高的产量之间的关系进行了大量研究，尽管这一研究不会立刻转化为实际应用，但这为日后的设备研发和服务改进做好了基础铺垫。

在研发方面，国际石油公司和油服公司的关系大致可以看作前者将多数研发任务外包给后者，只内部保留特定的核心领域，如地下构造，国际石油公司坚持亲自进行这一部分的研发工作，并开发出高度保密的关键技术。关键研发项目通常实行严格的保密措施。通过设置类似投行部与销售部之间的"中国墙"隔离制度，隔离研发团队的不同成员，限制其掌握项目的全部关键信息。根据一位受访者的经历，他在某国际石油公司参与一种新型化合物研发时，每人只负责研究单独的组分，最终团队只有少数几人了解该化合物的完整分子式。

对比国际石油公司，油服公司的研发一般专注于开发能够实际应用的特定技术、工具与材料。通常关注"特定难点"，而非广义的概念。例如，油服公司会投资研究耐高温高压环境的材料。

尽管在研发领域各有侧重，国际石油公司和油服公司也会协作开展互补性研发。例如，道达尔公司提出的柔性立管概念被德西尼布公司进一步开发为"集成生产管束"❶。利用道达尔的概念，德西尼布公司第一次成功开发出集成生产管束并应用于道达尔公司在安哥拉运营的水深1200～1500米的Dalia海上油田。目前，软管和立管技术是德西尼布公司研发的重点领域（Technip，2012）。另一个例子是宽方位角地震数据采集（CGG Veritas，2012）❷。BP公司开发了这个概念，但由于设备短缺以及缺乏规模效应，并未能将其投入应用。随后在BP公司的要求下，法国地球物理维利达斯集团在BP公司这一概念的基础上研发了这项技术。

对比国际石油公司和油服公司在研发领域的投入和侧重点能够进一步阐明两者关系的本质。以往国际石油公司是油气科技研发的最大投资人——这直接使得北海油田实现成功的商业开采。但如今，专利数量和其他指标都显示，油服公司成为了最主要的新技术孵化器。如表3.1所示，专利委员会（Patent Board）刊登在华尔街日报上的专利列表显示，斯伦贝谢公司、哈里伯顿公司和贝克休斯公司

---

❶集成生产管束是一种包括隔热层和额外的气举软管，通过电缆自动加热并利用光纤监控流体温度的柔性立管。集成生产管束考虑到了在恶劣情况下（稠油、深水、压力限制等），自井口到地面处理设施之间高级别的流动安全保障（德西尼布，2012）。

❷宽方位角是一种地震测量方式，它使得石油公司通过宽角度记录和密集采样获得更好的地震波场，以便取得更好光照度和分辨率的地震数据（CGG Veritas，2012）。

提交专利申请的数量超过绝大多数国际石油公司❶（Patent Board，2012）。某些石油公司，如埃克森公司，也拥有数量众多的专利，并在科研实力方面排名第一，这表明了这些公司的研发与核心科学研究的紧密联系（IPIQ，2012）。

学术机构也会共同参与研发。国际石油公司和油服公司都设有诸如法国石油学院和剑桥大学等研究机构和大学合作的研发部门。例如法国石油学院和道达尔公司共同在法国石油学院组建研究团队，专攻沉积学和油藏描述。大多数研究在法国石油学院的实验室或道达尔公司的研发中心进行。斯伦贝谢公司在剑桥旁设立古尔德研究中心，并获益于其与学校强有力的合作联系来驱动创新（Schlumberger，2012c）。剑桥大学 BP 研究所是另一个例证，该研究所专注于混合多相流技术的基础性研究，这是一项高度跨学科的研究，从地球科学到物理学，涉及剑桥大学的 6 个院系（BPI，2012）。

最后，国际石油公司与油服公司在研发费用支出方面也不相同。直接对比研发费用的绝对数具有误导性，因为各公司对研发的定义有区别，对研发经费的会计处理也不同。考虑了这些因素并进行适当调整后，通过公司年报上公布的研发费用，可以得出结论，大型油服公司的研发预算可以与国际石油公司一较高下（表2.4）。例如，斯伦贝谢公司的研发经费高于除壳牌公司之外的所有国际石油公司❷，2011 年，壳牌公司的研发支出与斯伦贝谢公司的 11 亿美元相当（Shell，2011c）。如果以研发经费在收入中的占比计算，这一对比的结果更加惊人。整体而言，油服公司平均投入总收入的 3%～4% 用于研发，而国际石油公司的这一比例仅有不到 1%（Thuriaux-Aleman 等，2010）。如壳牌公司和埃克森公司 2007 年研发经费分别占其总收入的 0.3% 和 0.2%（Crooks，2008）❸。

3.1.2.4 技术的应用

石油行业是全世界技术先进程度最高的行业之一。并且，由于多数项目由合资公司伙伴共同运营，油气行业的技术传播非常迅速。绝大多数项目是合资经营

---

❶专利委员会是华尔街日报的专利评级合作伙伴，在华尔街日报市场数据部分每周刊登专利评分专栏。"专利委员会前 20 强将公司的创新能力进行排序，排序运用了一系列标准来判定专利质量、技术实力及影响范围（Patent Board，2012）"。授权专利——等于在指定年份获得的除设计和其他特殊情况发明以外的美国授权专利数目。科研实力——一种排序方式，结合科技程度和数量，用于指出在构建其专利组合过程中运用的科技含量。创新周期——展示了一个专利或专利组合是否建立在较新或较早的发明之上。行业影响力——指出在全部实用专利中，有多少是建立在美国颁发的实用专利组合基础上。技术实力——一种排序方式，结合数量和质量评价一个公司所持有的整体专利组合实力。科研力度——显示了一个公司的专利组合中有多少高于对照组的平均科学相关度。专利评分专栏中囊括了所有公司、科研机构或个人所持有的美国实用专利。

❷累计计算，壳牌公司在 2007—2011 年间是所有公司中研发投入最高的。

❸比对科技与制药公司的标准比例 15%，以及汽车公司的 4%～5%（Crooks 2008）。

第3章 国际石油公司—油服公司关系变化带来的影响

性质，这使得知识产权在取得后2～3年内就全部公开。多数情况下，油服公司在石油公司理论研究的基础上开展进一步技术开发。

表3.1 能源与环境创新公司专利排行榜前十位

公司名称	当前排名	历史排名	专利授予（项）	科学优势评分	创新周期评分	行业影响评分	技术优势评分	研发强度评分
壳牌公司	1	2	148	1588.5	23.6	4.77	566.44	1.48
斯伦贝谢公司	2	1	581	1041.3	13.9	1.2	556.09	1.05
哈利伯顿公司	3	3	230	2745	12.7	1.98	362.6	2.25
贝克休斯公司	4	4	355	835.3	13.8	1.28	361.4	1.59
通用电气公司	5	6	175	50.8	13.6	2.32	323.26	0.5
埃克森美孚公司	6	5	321	7778.3	14.1	1.13	288.41	2.87
维斯塔斯风力系统公司	7	9	78	6	13.6	2.54	158.69	0.08
威德福公司	8	7	105	252.3	16.7	1.65	138.95	1.29
雪佛龙公司	9	8	158	1352.8	14.3	0.94	117.82	2.44
西门子公司（Siemens）	10	11	149	9	11.5	0.93	111.01	0.15

注：季度快照，平均13期。

资料来源：IP IQ, 2012; Patent Board, 2012。

油服公司是高度技术导向性公司，聘用不同技术领域的专业人才（如油井服务专家），而国际石油公司会聘用能力更全面、知识面更广的员工。当国际石油公司需要某专项技术和某一领域专门人才时，会组织招标可以提供该服务的油服公司。国际石油公司成功的关键因素在于有能力寻找前沿技术并将其投入应用。BP公司内部设有技术顾问委员会，专门负责跟踪寻找外部的先进技术。据一位受访者表示，尽管内部研发预算有限，但国际石油公司有机会接触大学及小型技术公司以保持对技术变革的跟踪和了解，BP公司和剑桥大学以及道达尔公司和法国石油学院的合作是很好的例证。国际石油公司还会设立风险投资基金，以投资于进行技术创新的公司。它们的策略是"购买技术"并获得第一用户优势。以壳牌公

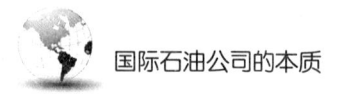

司技术创投基金为例，该基金专注于投资新技术的开发和应用。

在采用新技术方面，各家国际石油公司的风格也不尽相同。一些国际石油公司会更快地应用新技术，而另一些石油公司则对新兴技术持保守观望态度。

最后，尽管国际石油公司在研发领域的投入比例与油服公司不可相比，但实际上，国际石油公司作为行业的整合人，对新技术的发展方向起引导和决定性作用。国际石油公司在具有高度技术挑战性的地区作业，要面对股东对利润最大化的要求和压力，在石油行业整个供应链中，国际石油公司是新技术的需求方，从而决定了技术进步的方向。

3.1.3 国际石油公司与油服公司关系的基本情况

作为行业整合人，国际石油公司可以占据主动地位，管理其与油服公司的合作范围和频率。国际石油公司与油服公司的关系，因两者存在大量相互依存的合作而非常复杂：油服公司为国际石油公司提供很多关键性服务，如果不能按时完成合同约定，交付成果，国际石油公司的业务会随之受到影响。

对于两者的关系，不同的人有不同解读。一位受访者称，"这种关系像没有正式签约的合伙人，其中会一直存在摩擦，不断有起起伏伏"。另一位来自油服公司的受访者称，"这种关系具有周期性，当国际石油公司发现某一家油服公司市场份额过高时，前者会进行再平衡并减少给这一家的签约订单。同理，当发现某家油服公司的市场份额下降时，国际石油公司也会重新考虑，增加与其合作"。

据大多数受访者表示，有几个主要因素对国际石油公司和油服公司之间的关系影响最大，包括油服行业的兼并重组和油价波动。首先，油服行业中公司之间的合并会影响整个行业和石油公司之间的关系。部分国际石油公司认为这种合并的结果是行业内保留或形成效率更高资质更强的公司，这些公司有能力承接更大型的项目和更复杂的服务工作，并逐渐成为能与国际石油公司级别相当的行业领军者；而另一些国际石油公司则认为，油服行业的技术、设备和服务日渐集中于少数行业巨头手中，限制了国际石油公司对服务商的选择，并导致其逐渐丧失谈判筹码。部分受访者提到在有些时候，只有一家油服公司能够提供所需的特定设备或服务，例如据一位受访者估计，斯伦贝谢公司提供了市场上70%的录井服务。另一种情况是国际石油公司"不得不"沿用同一家公司进行后续服务。以防喷器为例，从国际石油公司角度看，维修工作和更换的零部件最好由原始供应商提供。在上述所有情况下，油服公司没有任何动力为国际石油公司提供优惠条件。行业合并重组后，一些国际石油公司认为它们正逐渐过度依赖于少数几家承包商，并且在转移职责、专业知识技能方面走得太远。

其次，在石油行业的供应链条上，国际石油公司和油服公司的关系周期性很

第3章 国际石油公司—油服公司关系变化带来的影响

强。国际油价和全球宏观经济是影响这种周期的主要因素。高油价（例如2004—2008年期间）使得勘探开发活动激增，进而增加了油服公司的签约工作量，减少了市场剩余服务能力。高油价时期，油服公司可以要求提高服务费，并谈判取得更有利的合同条件。在这种情景下，服务承包商在合作双方的风险—收益平衡中占据优势。反之，当油价下跌时，国际石油公司放缓勘探新油田的步伐，油服市场上的需求减少，带来了价格下行压力，油服公司会转而将这种压力向其供应商传导。这种"瀑布效应"通常会影响整个供应链。因此，国际石油公司施加给油服公司的合同复议降价压力会给供应链远端的小型供应商的利润带来负面影响。

换言之，波动的油价使国际石油公司和油服公司的关系变得紧张。在每一轮油价波动周期中，双方都力图取得竞争优势。例如，据剑桥能源统计，2004—2008年油价飙升期间，油气行业上游资本性支出指数由109升至230❶，即全球28个大型上游项目资本性支出增加一倍。油服价格波动幅度在2008年达到最大，上半年，油服市场供给达到饱和状态，几乎没有任何闲置的服务能力留给临时增加的订单，因而服务费用高昂；而下半年，随着金融危机爆发和油价暴跌，油服市场需求急速下降，油服公司不得不降低费率，市场的角力均势再一次倒向国际石油公司。

尽管油价波动使得国际石油公司和油服公司关系趋于紧张，在某些情况下，变化的油价导致连锁反应，波及整个行业，也会催生双方合作。一位受访者举例，国际石油公司会设法帮助油服公司降低成本，从而在使其服务费用降低的同时不过分影响其利润。相比国际石油公司，油服公司信用评级普遍较低，借贷成本相对较高，而这部分成本最终会反映在服务费率中。国际石油公司会通过提前付款或改善付款时间表来帮助油服公司降低借款成本。另一个例子是关于外汇汇率的。2008年以前，国际石油公司要求所有油服公司的服务费以美元报价，为满足这一要求，油服公司不得不向银行购买外币金融产品进行套期保值。不过，因为国际石油公司具有多币种收入的现金流，相比油服公司，其覆盖汇率风险敞口的需求和成本都更低。为帮助油服公司降低这部分成本，受访的国际石油公司不再要求所有服务以美元计价。

尽管如此，一些油服公司仍表示，2008年经济危机后，由于普遍的严格控制成本压力，它们与国际石油公司的关系变得艰难和不易掌握。

在油价下行或经济危机中，不同的油服公司受到的影响不尽相同。比如，钻

---

❶ 剑桥能源上游资本成本指数（UCCI）展示了新建油气设施的建造成本。所有价值均对照2000年基准进行调整，即如果一个设备在2000年时价值100美元，在2008年时的成本将调整为230美元。更多详情见《剑桥能源上游资本成本指数》图3.1。

井和工程承包合同一般都是长期（5～10年）、投资密集型合同，相比油井服务这类短期合同，受中短期油价波动较小。例如，一个浮式生产储油卸货装置建造合同的合同期长达5年，费用固定，对这类合同无法重新议价，因此，在2008年经济危机后，国际石油公司将控制成本的重点放在短期的油井服务合同议价上。因此，在这一时期，石油公司控减的成本主要由油井服务公司承担。

国际石油公司和油服公司的关系和力量对比影响了它们各自的利润、合同风险、合同义务和责任。这种关系决定了双方在签订合同时愿意承担风险和责任到何种程度。例如，在合同谈判过程中，这种力量对比将决定由哪方承担天气风险（谁来为由于恶劣天气导致的停工损失买单）或者环境责任。尽管使项目以一种环境友好的方式运营和推进最终是国际石油公司的责任，但对于国际石油公司同油服公司签订的单个合同，可以要求油服公司也负有防止环境污染的责任，并承担污染责任与清污费用。

如上文所述，大幅油价波动会导致国际石油公司与油服公司关系紧张。由于两者都可以受益于稳定的力量均势，现在越来越多的国际石油公司寻求与少数大型油服公司签订长期协议，形成战略合作关系。一个公开的案例便是壳牌公司与越洋钻探公司。双方达成了一项长期交易，越洋钻探公司将在10年内为壳牌公司新建造4艘超深水钻井船（Team，2012a）。

3.1.3.1 国际石油公司和油服公司的合作结构

国际石油公司与油服公司有很多不同的合作结构。在20世纪90年代，作业者（国际石油公司）与服务承包商（油服公司）广泛形成合作联盟，目标是以最低的成本整合关键项目的所需技术。例如，英国北海的安德鲁油田就是基于这种联盟模型进行开发的，安德鲁联盟中，BP公司提供勘探技术，斯伦贝谢公司为油井管理和数据采集提供综合项目管理服务，贝克休斯公司为综合钻井服务提供INTEQ技术、越洋钻探公司提供移动钻机，圣达菲公司（Santa Fe）提供钻井平台（Bourque等，1997）。

分包商被要求通过签订商务合同形成联盟，划分风险和利润。分包商如果能够在约定时间完成服务可以得到大额奖励；但也会因为延期完工而被处以严重惩罚。服务承包商可能有丰厚获利，不过这种获利也可以轻易失去。比如水平井钻井延误24小时，服务承包商就会面临大额罚金。但由于合作双方的互不信任，使用这种联盟模型进行的合作开发逐渐消失。因为作业者和服务承包商存在天然的利益冲突：承包商期望利润最大化，作业者希望成本最小化。通过协商去设定目标完工日期以及要求保持效率等被证明非常困难。这个联盟模型的主要缺陷是不能在作业者和服务承包商之间建立共同的目标。而且，联盟提供服务的成本通常比市场化采购高。由于存在这些缺陷，并且随着国际石油公司采购部门权利的迅

速提升，联盟模型在 2000 年左右已经过时。

当前国际石油公司和油服公司合作的结构取决于二者签订的不同模式的商业合同。在石油产业链中，国际石油公司和油服公司的关系由几种不同的合同模式来管理。主要可以归为固定费用合同（如交钥匙合同和总包合同）以及可变费用合同（如日费合同和成本加酬金合同）。

在交钥匙合同中，服务承包商和客户为整个项目设置一个固定的包干价。由于在此模式下，天气、地域和绩效表现的风险都由承包商承担，这种合同通常不受承包商青睐。从国际石油公司的角度而言，"交钥匙工程"提供了更强的激励因素来控制成本，整个工程的费用更可预期，因此，通常适合标准化项目。但是，它的不足在于没有足够的激励因素鼓励创新，因此并不适合非标准化、需要新技术和创新思维的项目。在这类项目中，成本加酬金或合伙制模型更为适用。

交钥匙合同只适用于某几类服务。对于勘探项目，在开始阶段由于地下情况难以预测，所需的服务内容很难确定，因此无法设定一个包干价格。例如，在钻遇油气储层的具体深度不确定时，承包商不会接受签订一份包干价格的合同。相反，交钥匙合同特别适用于工作范围可以预先具体确定的项目，例如炼厂的建设。

设计、采办和建造（EPC，工程总包）合同是一种特殊的交钥匙合同，用于工程设计和建设项目，承包商承担全部项目风险。工程设计建设公司协调包括设计、开发、工程建设、运输和设备安装等全部活动，并管理相关物资采购。

在成本加酬金合同中，油服公司收取成本及双方预先同意的酬金（利润）比例。一般而言，这种合同适用于纯工程设计服务，而不适用于工程建设服务。

在日费合同中，油服公司向国际石油公司收取固定日费率的服务费。这类合同通常用于钻井服务，油服公司根据钻井地点、钻机种类和当前的市场情况确定日费率。另一种类似于日费合同的固定费率合同是基于钻井深度，通常被称为"进尺"合同。一般承包商并不希望采用这种合同，因为存在很多承包商无法控制的因素（如天气因素）会影响钻井进度。因此签订"进尺"合同对于钻井服务商有较大风险。按进尺计费和按日计费的不同之处是，前者近似于固定价格合同，后者更接近于成本加酬金合同（Osmundsen 等，2009）。

油服公司和国际石油公司的关系随着合同结构的不同而变化。比如在交钥匙总包合同中，国际石油公司影响承包商的能力大幅下降。在现实中，这通常意味着国际石油公司必须在工程作业期间放弃其影响和控制力。固定费用合同更容易导致工程延误，因为每次工作内容变化都需要经过冗长的审批程序。一旦签订了固定费用合同，对于合同及工作内容的任何修改都非常困难（Osmundsen 等，2009）。

成本加酬金合同没有很强的成本控制激励机制，因此最终价格存在更大不确

定性。但作业者更易于根据需要做出变化以及影响掌控工程进度。从国际石油公司的角度看这是一种权衡（Osmundsen 等，2009）。在成本加酬金合同中，国际石油公司在项目完工时可以有更强的掌控力度。在某些合同中，国际石油公司向油服公司传达其对项目的要求、需采购物资的参数规格，油服公司在市场上获取报价，并与国际石油公司交流，最终由国际石油公司选定供应商。

也有时，项目开始阶段采用成本加酬金模式，待其进展情况明朗后，转入固定费用模式。成本加酬金模式用于支付前期可行性研究及基础工程设计成本。一旦可以清晰定义具体工作，风险就可以转移给油服公司，合同条款和条件转变为"固定费用"或总包合同模式。此时，油服公司与国际石油公司在早期项目定义阶段的紧密配合就尤为必要，这可以帮助油服公司了解全部的需求范围和整个项目的风险。油服公司随后便可确定采购计划，并给剩余工作估算总包价格。

国际石油公司可以选择亲自集成整合所有服务，或者要求服务承包商提供整合好的综合性服务。如在建造一个采油平台时，国际石油公司可以将平台建造拆分成更小的工程并管理这些工程的集成整合，或者可以选择将平台的全部建造工作外包。例如建造一个浮式生产储油卸货装置，工程设计、建造和海底建造服务可以分包给不同公司。同时，这个装置的建造也可以打包全部交给一家公司。在两种情况下，国际石油公司和油服公司的关系有所区别。如果国际石油公司选择自己去整合项目的每个组成部分，一般会采用"挑选—组合"方式。国际石油公司为每一项分拆服务做市场摸底，挑选在技术实力、价格和经验方面有优势的公司进入短名单。在招标中，供应商为具体的招标服务提交技术标和商务标文件，第一轮通过技术标进行资格预审，随后第二轮商务标评标。竞争性招标和反向竞价通常只限于短名单公司，每一项服务均以市场公允价格签约。最后，国际石油公司将所有采办的服务进行整合。

国际石油公司和油服公司的合作结构也会随着地域和当地商业文化、基础设施完备程度以及当地是否有值得信赖的服务公司等因素而有所不同。比如在欧洲，国际石油公司倾向于更加集成化的综合性服务，会给承包商更多责任权力；而在美国和墨西哥湾，国际石油公司一般承担项目经理角色，为每项特定服务聘用承包商。在其他区域，如西非、远东和里海地区，基础设施有限，国际石油公司倾向于聘用一个承包商，签订交钥匙合同。

3.1.3.2 日常工作

国际石油公司介入油服公司日常工作的程度取决于双方的合作模式和具体服务内容。国际石油公司通常对在船厂建造钻井平台等活动介入较少，但对现场的日常工作如钻井等介入程度较深。

作为作业者，国际石油公司对油田运营负有整体责任，需要为项目作出最后

决策。油服公司的责任通常在合同中有预先约定，责任金额也设有上限。

几位来自油服公司的受访者都表示，国际石油公司会控制油田现场日常工作，他们明确任务和要完成的工作，并在关键事项上做决策。油服公司的所有日常运营活动都会向国际石油公司汇报并获得许可。以测井为例，国际石油公司的钻井工程师提出测井方式、设定目标并同油服公司沟通确认这些目标能否达成。在实际操作中，国际石油公司会连续不断地与油服公司沟通，以确保工作向着预期的目标进行。国际石油公司会不断地监控油服公司的作业和现场进度。如在测井服务中，油服公司进行压降曲线测试和压力恢复测试流量测井，来为国际石油公司提供温度、压力和流速等确认探明储量的必要信息。国际石油公司的油藏工程师和测井工程师会进行数据分析并评价发现储量的潜在价值。国际石油公司规定对数据的要求，而油服公司确保采集的数据符合要求。

另一个国际石油公司控制日常工作的例子体现在地震服务。国际石油公司针对地震维度、所需物料以及进行地震采集的野外区域等向油服公司做详细规定。在地震数据采集期间，国际石油公司和油服公司会每周或双周召开例会，审核进展。地震服务公司进行国际石油公司要求的数据采集和必要测试。数据采集和测试的每阶段工作都要经过国际石油公司的最终批准。

作为合同方，国际石油公司通过控制油服公司的工作内容来确保其工作质量以及时效符合合同要求。油田环境具有高度风险和不确定性，因此双方在日常工作中的紧密配合尤为重要。此外，参与日常工作可以便于国际石油公司更好地了解工作中遇到的难点和挑战。国际石油公司项目团队与油服公司在油田现场和场外都会紧密配合，共同工作。油服公司某些情况下也会派雇员到国际石油公司的办公室办公。例如斯伦贝谢公司派员工驻道达尔公司办公室协助其使用地震处理解释软件。

在某些项目中，国际石油公司聘请第三方外部顾问检验油服公司的工作质量。外部顾问可以代表国际石油公司在油服公司工作现场办公。不过，多数油服公司表示，相比外部顾问，他们更倾向于与国际石油公司的工程师直接对接，因为多出的一个管理层级使国际石油公司和油服公司的关系更加复杂。

3.1.3.3 联合研究和新技术开发中的双方关系

联合研究和新技术开发是油服公司与国际石油公司深度和密切合作关系的最好范例。

国际石油公司通过使用新技术来找寻新油藏、取得竞争优势。想要保持行业领导者地位，国际石油公司需要不断开发新技术和新工艺。尽管它们是新技术的主要用户，国际石油公司将实用性研发及创造新工艺的工作转移给油服公司。这样做有以下几方面原因。

第一是出于商业考虑。由于高度的专业化，油服公司在从事其专业领域方面的新技术研发中更容易获益。在给定时间内，油服公司可以将新技术应用于更多项目，相比国际石油公司，其研发投资可以获得更高收益。此外，通过从多用户处获得的不同反馈，油服公司可以更快地对应用的新技术进行改进和深度开发。

此外，石油行业中，技术进步红利通常不会在短期内实现。成本节约和效率提升一般要经过很多年才能全部兑现。确实存在少数重大的、改变游戏规则的新技术，但大多数技术是循序渐进式发展的。并且，由于很多油田是由联合公司运营，新技术传播异常迅速。行业内这种紧密合作的关系，使得当国际石油公司开发一项新技术后，很难一直独家使用这项技术。因此，任何基于新技术开发产生的竞争优势都会很快消失。

结果是，国际石油公司开始转而推动油服公司大力投入实用性研发与技术创新。油服公司因此开始加入技术开发与创新，并承担相应风险。不过，尽管当前油服公司完成了行业内大部分研发工作，推动了技术进步，国际石油公司仍然会在过程中保持参与，并在很大程度上影响和引导油服公司技术创新的方向。

在新技术开发中，国际石油公司对油服公司的影响可以从几个方面分析。首先，行业内新兴的概念，如深水勘探、高温油藏、非常规油气田等概念通常形成于国际石油公司。当国际石油公司勘探一个新油田，遇到独特的技术挑战时，它会研究如何克服挑战，通过何种方式最有效地开发资源，如国际石油公司探索研究在北极地区严酷的自然环境下最适用的技术方案。国际石油公司正倾向于向水深更深、油藏温度更高、更具技术挑战性的区域进军，这些技术上的挑战驱动决定了油服公司的研发优先级。尽管国际石油公司一般不会特别向油服公司传达关于技术研发策略和优先次序的具体指令，它们的业务需求会影响油服公司优先开发某项技术。

有时，国际石油公司会就改进某种设备性能、提高使用年限以及改进操作流程形成一种方法，但由于缺乏必要的专有技术和规模效应，这种方法和概念并不适合内部投资开发。此时，国际石油公司会同油服公司签订研究协议，形成伙伴关系来开发这项技术，如道达尔公司、雪佛龙公司和斯伦贝谢公司联合开发了INTERSECT，一款新一代油藏模拟程序（Schlumberger，2012b）。

有时国际石油公司的影响会更直接。当它们需要油服公司提供一项新的技术或服务时，会直接向油服公司发送邀标书，油服公司根据邀标书的要求研发必要的设备、技术和流程。如意大利塞班公司应埃尼公司和俄气公司的邀标，为其兰溪项目发明了一项新技术。这个项目的作业者在项目开发的关键阶段发现了项目中使用管材的质量和耐用年限上的缺陷。塞班公司发明并提议采用 J-Lay 解决方案，这种方案可以降低管材承受的压力，提升可靠性。塞班公司与作业者的合作

第3章 国际石油公司—油服公司关系变化带来的影响

使其准确地了解了作业者需求，最终设计出满足作业者需求的解决方案。

从油服公司的角度看来，在市场中保持竞争优势很大程度上取决于它们是否能够准确捕捉和预测客户当今和未来的需求，并据此研发出能满足需求的新技术。油服公司的研发部门尝试确定用户感兴趣的或能显著降低服务成本的技术。油服公司认真研究市场机遇和前景，以更好应对客户未来的需求变化。由于油服公司要为客户提供定制化的技术服务，通常会在一项技术研发初期就与客户充分沟通，保证研究方向与客户需求的一致性。国际石油公司会指出市场的发展方向和潜力，帮助油服公司预测市场趋势。

多数油服公司会与其客户定期举行会议来了解客户需求和遇到的难题。部分油服公司甚至内部设有正式的客户顾问委员会，由国际石油公司的代表组成，并定期举办论坛会，这种论坛向国际石油公司提供了交流机会，方便引导油服公司新技术的开发方向。

除了影响研发方向，国际石油公司还可以影响新技术的采用和传播速度。部分油服公司透露，国际石油公司会鼓励引导其他更多的油服公司采用他们新研发的技术，以保证培养竞争，确保不会有哪家油服公司在某段时间对新兴技术形成技术垄断。

此外，国际石油公司和油服公司在研发活动中的关系已经发生转变。历史上油服公司的研发活动更多是内向型、自我思维导向，国际石油公司的直接影响甚小。但近年来，油服公司研发活动逐渐演化为外向型模式，国际石油公司开始积极参与前期工作，直到具体的研发项目真正开始融资启动。国际石油公司向具体的研发项目投资，这一点对于油服公司非常重要，因为它代表了国际石油公司对二者合作关系的承诺。同样的，国际石油公司也看到了这种合作机制的价值，即有助于更好地为存在巨大技术挑战的新油田——如超深水海上油田——开发更好的适用技术。

这种合作研发的方式对双方是互利互惠的，它加快了新技术开发与商业化应用的速度。如定向钻井技术发明于45年前，但在近5年才获得真正大规模应用。研发项目的战略联盟在国际石油公司和油服公司之间建立了长期合作关系，提升了市场需求和产品开发的协同性。这种合作方式的范例之一是道达尔公司和哈里伯顿公司在2009年联合开发了一整套超高温高压计量和随钻测井传感器。通过与道达尔公司合作，哈里伯顿公司开发了针对部分北海油田超高温高压环境的普罗米修斯随钻测井工具，突破了当时面对此类严酷环境技术上的局限（Dirksen，2009）。

尽管各家国际石油公司和油服公司之间的关系有很多相似之处，双方还是存在许多不同的合资合作方式。有时，新技术由国际石油公司和油服公司共同开发，双方在关键任务和产出成果方面，各自有明确的责任划分。在这种情况下，技术开发的成本由双方共同承担。一般而言，如果产品是共同开发，国际石油公司在一段时间内可以享有该产品或技术的独家使用权。这段时间过后，油服公司有机会将该技术推向市场，销售给其他客户。如前文所述的油藏模拟程序 INTERSECT 最初由斯伦贝谢公司和雪佛龙公司共同开发，后来道达尔公司也加入，希望可以购买这项技术并参与进一步开发。另一个证明通过合资形式来开发费用高昂的研发项目能带来巨大价值的案例来自壳牌公司。壳牌公司最早提出了"膨胀套管"❶，即将可膨胀扩径的套管安装在井内，这样钻井比使用标准管材更有灵活性（Cassidy 和 Butterfield，2002）。壳牌公司为此申请了专利，随后与贝克休斯公司合资开发并商业化这项技术。为此成立的合资公司名为 eTECH，它联合了壳牌公司创新的膨胀套管技术及贝克休斯公司知名的国际油田服务能力，开发出改造当前井施工行业的"原位钢管膨胀"技术。这项新发明旨在显著地降低修井费用，在消除当前诸多设计限制的同时修复油田资产的完整性（Flaharty，1999）。在这些情况下，国际石油公司有权利决定这项新技术的使用价格以及将其推向商业市场的条件。参与技术/产品联合开发的石油公司被赋予了时间和价格上的优势。

在另一种情况下，国际石油公司向油服公司提供关于某项技术的概念论证，并要求油服公司根据一些具体要求开发这项技术。国际石油公司可以选择自主研究，不过这取决于双方具体的合作关系。如果这项技术同时可供市场中其他客户使用，参与开发的国际石油公司可以谈判获得使用该技术的大幅度折扣，或收取专利费，作为对其初期贡献原理概念的补偿。

也有时，国际石油公司亲自开发一项技术，但将这项技术商业化的工作交给油服公司。一位受访者以地震服务领域为例，埃克森公司开发了面块切片技术❷（一种地震数据解释的工具）并同意 Geoquest 继续开发并保留这项技术。作为交换，Geoquest 同意在为埃克森公司提供该项服务时给予费率上的优惠。

还有一种情况是，油服公司可能与另一家油服公司形成伙伴关系，运用双方的专业实力为国际石油公司提供方案。尽管这种伙伴关系并不像油服公司与国际石油公司的合作那样普遍，但确实存在。某石油公司要求德西尼布公司为水下挠性管的监测开发一项新技术，德西尼布公司意识到其独自承担这项任务挑战性，

---

❶ 膨胀管是一种新兴的管材技术。这种管材的原位膨胀可以在保持上一段井眼尺寸的同时减少井身锥度，这项技术在深井中尤其实用。膨胀管还可以用于修复完井失败情况。这项技术概念最开始由荷兰皇家壳牌公司于1993年提出，技术的正式商业应用开始于1999年11月，在墨西哥湾被用于裸眼固井的膨胀式尾管。

❷ 面块切片解释技术使解释者可以通过类似一系列等高线图的水平切面来观察油藏盖层的三维形状。这是一种新型的快速地震解释工具。

因此与斯伦贝谢公司签订了全球合作协议，形成合作伙伴关系共同开发这项技术。德西尼布公司分管水下资产与技术的高级副总裁 Alain Marion 表示，"通过联合德西尼布公司在挠性管方面的专业技术和生产水平以及斯伦贝谢公司的监测技术，我们将创造出新一代更智能的挠性管"（引自 Baxter，2009）。另一个案例来自德西尼布公司、JGC 设计公司、科技服务公司以及西班牙联合技术公司为在越南开发炼厂的项目合作。这几家油服公司组成联合体，共同赢得了 50 亿美元的合同在越南建造一座炼厂（路透社，2011）。

在上述所有情况中，国际石油公司通过提供初始创意概念，或与油服公司形成伙伴关系共同开发来引导技术进步的方向。国际石油公司可能会提供种子期资金，例如壳牌公司创建了创业投资基金，来鼓励关键技术的开发。

3.1.4　基于紧密合作的关系与基于市场公允价格的关系

国际石油公司与油服公司的关系不断演变，根据行业专家描述，历史上，这种关系是基于二者之间形成紧密合作的伙伴关系。在 20 世纪 30 年代到 80 年代间，这种合作关系主要集中在技术能力方面，关注重点是技术而非成本。随着石油行业在 80 年代的持续扩张以及国际石油公司采购部门重要性的不断提升，对成本的关注也不断增加，招标、基于市场公允价格的关系逐渐成为主流。当今，油服行业获得新业务的标准方式是通过在竞争性市场中赢得招标。油服公司在资产负债表和利润方面对国际石油公司完全透明的"公开账簿式"合作，及国际石油公司持续选择同一家供应商而不考虑竞争性招标的"伙伴式"合作，现在都比较少见。

尽管表面上看来，通过国际石油公司组织竞标，最低价竞标者赢得服务机会并签订公允价格合同，但下面的段落将试着解释为什么双方的关系远不止于简单的公允价格模型。

在招标过程中，国际石油公司可以通过设置一些标准来影响招标程序，可以设置特定的技术要求排除不拥有这些技术实力的公司。在招标中，评标第一轮基于技术能力，第二轮基于价格。一旦国际石油公司确认油服公司具备技术能力并通过了资格预审，就会基于商业考虑来评价各家的投标文件。因为油服行业是一个高度细分的市场，能够提供某项特定技术服务的也许只有少数公司，国际石油公司在准备采购方案和招标规则时就很可能已经知道哪家公司有能力提供所要求的服务。

在收到邀标，准备标书时，油服公司会考虑自身的技术能力、成本和利润要求，以具有竞争力的价格投标。尽管价格是赢得合同的关键，但油服公司过往的经验也会被同时考虑。在竞标价格相近时，国际石油公司倾向于授标给以往提供过同类服务的油服公司。过往经验是很重要的,因此油服公司要通过不断开发并应用新技术来改善自身的业绩记录。对于一家实操经验有限的油服公司,赢得竞标很有难度,除非它们拥有细分程度非常高的专项技术。

除过往经验外,既有的合作关系也很重要。国际石油公司与以往有合作关系的承包商继续合作是一种明显趋势。国际石油公司都有"会优先合作的供应商",通过与各家油服公司的共事,与其中某些家奠定了良好的合作关系。这种关系可以使这些油服公司更好地理解客户的工作方式和需求,提供更符合客户要求的产品和服务。油服公司在参与有过往服务经验的重复性业务投标时,一般报价都比较激进。例如西班牙联合技术公司长期为土耳其石油精炼公司提供服务,西班牙联合技术公司对土耳其石油精炼公司的商业模型和目标有非常深度的了解,这保证了它可以在土耳其石油精炼公司组织的招标中顺利获胜。重复性业务使得部分国际石油公司会与一家油服公司经常性合作。根据经验,BP公司与法国地球物理公司、挪威国家石油公司与阿克(Aker)公司、道达尔公司与德西尼布公司以及壳牌公司和斯伦贝谢公司都有这种经常性合作关系。

所有上述提到的因素都显示,国际石油公司努力在使用实力最强、最可靠且最具一致性的供应商与保持供应商的多元化之间寻找平衡。为实现这一目标,国际石油公司倾向于建立一种"智能公允价"关系,即国际石油公司向其战略合作供应商提供一定信息,使他们可以更好地理解和满足提出的要求。尽管国际石油公司并不青睐于同油服公司签订排他性合作协议,而更倾向竞争性招标,但也确实会优先考虑与某些供应商发展合作关系。在根据产品和服务识别出细分市场后,国际石油公司有计划地接触并发展与细分市场中一定数量供应商的关系,以确保可以接触到最具竞争力的技术和价格。

近期行业内的趋势是,越来越多的国际石油公司会与油服公司签订"企业间合作框架协议"(以下简称"框架协议"),这种协议并不要求国际石油公司和指定供应商排他性合作,不过,协议确实强调了双方合作的条款和条件。签订框架协议的目的是为指定项目的物料和服务采购设立标准化的价格和服务合同。国际石油公司的目的是在每个项目独特限制的基础上,尽量使材料和服务的提供标准化、商品化。

例如,如果国际石油公司知道某项目需要采购100台压缩机,它会与一家油服公司签订贯穿项目存续期间的"框架协议"。协议会规定,该国际石油公司可以在约定的时间段内,在约定的价格区间内购买至多100台压缩机。尽管双方没有一定要履行合同的义务,但当双方需要签订合同时,价格和要提供的设备服务都已经事先约定好,这将会简化业务流程。对于国际石油公司,框架协议方式采购优于竞争性招标,因为这种方式确保了采购物料的标准化设计,同时具备时间和质量上的优势。使用框架协议模式，国际石油公司可以向其"优先合作供应商"严格描述流程、设备和服务标准。另一种观点认为，国际石油公司倾向于与一家供应商在大额采购（年采购量6亿～7亿美元）基础上合作，而不是与多家供应商分别签订中小型（年采购量1000万～1500万美元）采购合同，是框架协议方式采购被采用的原因。这些全球性伞形协议被用来在规定时间段内采购规定数量的产品和服务。

国际石油公司两位受访者提供了两个案例。第一是一家国际石油公司与一家从事井控的公司签订培训协议。这份全球性协议约定，协议方国际石油公司集团下属的各公司均可以要求该油服公司提供服务。尽管框架协议规定了与这家指定油服公司整体的合作条款条件，国际石油公司集团的下属公司仍有选择其他机构提供服务的灵活度。另一个案例是，一家国际石油公司与一家页岩气钻井服务公司签订了框架协议，根据协议规定，该钻井服务公司在为这家国际石油公司提供服务时，必须使用一流雇员，而非没有经验的新员工，并且价格应在公开报价的基础上给出折扣。签约的国际石油公司并没有义务排他性地使用这家钻井服务公司的服务，但如果它需要钻井服务，条件和价格都已预先设定好了。

几乎所有国际石油公司都签有上百个性质类似的框架性协议，包括合作协议和"取消协议"，使它们可以与多家供应商建立合同关系。国际石油公司和油服公司共同决定有哪些设备和服务可以用框架协议的形式采购。根据受访者给出的实例，某国际石油公司需要采购一款定制的流量控制装置，一家油服公司开始独家为该石油公司设计模型，但定制的模型比具有相同功能的标准化模型成本高30%。油服公司向国际石油公司提议通过签订框架协议，使用标准化模型，这样可以为该国际石油公司节省成本，提高效率。在获得国际石油公司的同意后，双方签订了购买标准化模型的框架协议。

最后，国际石油公司采购向"智能公允价"方向发展的趋势还体现在国际石油公司和油服公司定期相互沟通反馈的合作关系中。合作双方会进行定期服务质量的回顾，以提升合作关系，改进服务条款。多数国际石油公司与油服公司会举行年度会议，讨论新技术、新的商务和合同问题。国际石油公司和油服公司为更好地理解对方的要求和目标，进行了越来越多的沟通协调，这对于处在偏远地区和极端环境下，面临更复杂挑战的新一代油田的成功勘探和运营非常重要。

3.1.5 国际石油公司的采购

质量、时间和成本是每一个供应链的基本要素。国际石油公司对所采购的服务的要求是质量高、交付准时、成本可控。一个油田的利润率主要取决于油气发现总量和开采时的油价。尽管服务采购成本是石油公司的一项主要支出，但直到近期，在决定油田利润率方面仍处于次要地位。历史上，石油公司采购方式都是分散化的当地采购，不过近些年来，由于原材料价格上涨、闲置设备和服务能力不足导致服务采购价格飞涨。来自剑桥能源的 2005—2008 年间上游资本性支出指数可以证明这一点（IHS，2015，详情见图 3.1）。

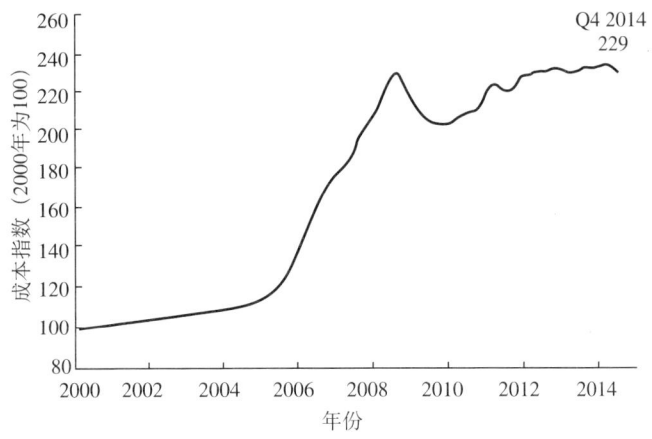

图 3.1　IHS CERA 上游资本成本指数

数据来源：IHS 能源（IHS，2015）

过去 10 年，油田服务价格的快速上涨促使国际石油公司意识到采购和成本控制的重要性。采购活动和供应链管理逐渐向集中化和专业化角度发展。尽管各家国际石油公司的情况不尽相同，行业内的大趋势仍然是全球化集中采购。众所周知，埃克森公司和雪佛龙公司已经形成高度集中化的采购体系，其他国际石油公司，如壳牌公司、BP 公司、道达尔公司和埃尼公司也在近些年开始了集中采购体系的建设。通过集中采购，这些公司希望改进采购流程，提高采购过程中分支机构、总部和供应商之间的透明度。

整体而言，集中采购对于供应商造成了巨大压力。集中采购的目的还在于，石油公司可以至少对于大宗货物实行标准化采购（而不是对每一口井的服务都要求其标准化），尽管项目的复杂程度给标准化带来困难。在集中采购的体系下，通过购买标准化的设备和服务，石油公司面临的风险降低了。在集中模式下，对于一家集团的下属公司，采购是在全球范围内进行的。总部负责采购，并且确保所需采购的项目准时交付，质量达标。

采购部门的目标是更好地评估各采购申请部门的需求，并且将同服务供应商沟通交换意见的工作系统化。在供应商质量复审讨论会上，各服务接受单位可以将满意和不满意之处提出讨论，作业者（石油公司）之间也会召开论坛，分享行业实践和与承包商合作的经验。

采购部门内部会为每一个大型项目、细分行业和服务类别设计采购政策。对于大型项目，国际石油公司会设计一份"需求说明/技术任务书"，描述工作范围和相关事项。这份文件包含技术指标、计划预算、各项工作优先级和限制条件。此外，国际石油公司会对需求说明里要求的服务进行市场调查。如果所需产品或服务可以在市场上购得，国际石油公司就随即制订采购政策。在一个标准的流程里，国际石油公司组织招标，竞标公司通过资格预审，招标设定了目标价格和评标规则（技术、法律、安全环保、商务、财务等）。通常，招标不会预先设定黑名单，但在选择供应商短名单之前，国际石油公司将考虑聘用各家的可行性和利弊。

例如，某供应商可能在项目规划和管理方面能力较弱，但在数据采集方面拥有一流能力。如果国际石油公司决定聘用这家供应商，将要充分考虑这家供应商的弱点，以及时作出弥补。国际石油公司对油服公司能力的深度了解是其进行集成整合非常重要的前提条件。某些承包商会出现在"用于比较不具挑战性项目的承包商"名单中。承包商为避免被加入负面名单，必须提供令业主满意的服务。

如果市场上没有现成的所需技术，国际石油公司会将其需求通知供应商，并要求供应商提出定制的解决方案。国际石油公司分析各家提供的解决方案并挑选出较好的方案。此时，国际石油公司不会去具体参与方案的制订，而是向油服公司提供需求信息，由油服公司提供解决方案。

每个项目的独特性质决定了需要不同的采购政策，这使得国际石油公司无法与油服公司签订一系列的或标准化的项目管理合同。尽管系列合同不存在，国际石油公司与其供应商一般都建立有长期良好的合作关系。例如，国际石油公司和油服公司的高管层每年都会举行会面，在项目层面，双方也保持定期会见，交换相互的意见和反馈。大型的国际石油公司和油服公司自成立以来就一直相互合作。如壳牌公司和斯伦贝谢公司有超过50年的合作史。

随着采购活动越来越具有重要性，国际石油公司逐渐改变了其合同政策，发展出一套不同的采购方式。通常，国际石油公司制订集团的采购政策，由集团采购部门负责执行，集团内每个分支板块（液化天然气、天然气、勘探）和业务单元同集团采购部门形成纵向管理结构，遵循集团的一般性采购流程。依据采购物品的规格和特性，各下属公司采购部门可以独立采购，但集团的采购部需要监管超过一定规模的采购订单（例如大于5000万美元的采购）。举例来说，对于测井，如果需要采购数据采集服务，现场的钻井监督团队可以主导签订合同，但当合同金额超过一定数额时，就需要采购部门参与。对于长期项目或数量较大的采购，如压缩机和管材，采购团队同样应该参与。

国际石油公司每年会设立一套详细的采购目标（例如80%的采购将通过采购

部进行)。某些国际石油公司完成招标后会记录下中标的价格以及投标的最高和最低报价。中标价格和最高报价之间的差额被登记为"为公司节省成本"。每月进行成本统计和分析,用来评定成本节约举措是否有效。

某些国际石油公司在其采购部门内部设立市场信息部。市场信息部了解市场情况、物资价格(如钢材)以及油服公司使用的设备价格(如压缩机),以试图更好地了解油服公司的成本结构和利润空间。国际石油公司认真核查供应商的成本和利润,以确保供应商持续投资的同时,没有向国际石油公司收取过多费用。这样做的主要目的并不是挤压供应商的利润空间,而是更好地理解油服公司的成本结构。国际石油公司通过更全面地了解市场情况和进行全球集中采购来增强采办能力。这是一个供应链从顶端至底端深度系统整合的范例。国际石油公司的关注点逐渐转向供应链的上游,致力于控制成本。

有几家国际石油公司发展出了"采购产品分类管理体系"。分类管理经理跟踪大型供应商,以便形成短期、中期和长期的采购策略。分类管理经理分析市场情况和参与者,来确定自身的谈判议价能力,并制订每个细分市场的采购政策。国际石油公司还会编写并设立每一类服务和产品的采购准则。分类管理经理会考虑一些事项,如应该选择"优先合作供应商"还是提名其他供应商。再比如,若40%的钻井活动是在深水领域进行,分类管理经理需要考虑石油公司是否应购买深水钻井平台,或是将深水钻井服务签约给一家油服公司。另一个实例是关于水下作业,国际石油公司在不同油田使用水平或垂直水下采油树。分类管理经理评估哪种方式最有利,是否应该采购标准化设备。国际石油公司还尝试保持市场透明度,以确保每个细分市场的竞争性,为此需要跟踪上千家供应商,如一家国际石油公司称他们会跟踪3500家供应商。分类管理经理根据价格和技术实力,制订一张"优先合作供应商"名单,并根据需要签订合作协议或框架协议,例如,前述这家国际石油公司签订了超过800份合作协议。另一家国际石油公司称其为每个领域、细分领域的特定技术和项目(如水下技术、钻机等)规定了采购规则,并进一步定义了在这个细分类别中的供应模式和优选方式。

驱动采购部门职能变化的一个主要因素是信息技术的发展(如SAP企业资源规划软件)使得石油公司可以追踪其全球采购订单并比较采购成本。类似SAP的系统让国际石油公司可以对比每个采购项目的支出,并已经成为采购部门使用的主要工具。

一些国际石油公司提到,采购和供应链管理是有所区别的,供应链管理可以产生长期的成本节约。国际石油公司的目标逐渐集中于战略性采购、细分领域支出(钻井成本等)以及与主要供应商发展合作关系。集团内部每年召开采购条线会议,各国各地方负责采购的部门可以集中讨论采购相关问题。

第3章 国际石油公司—油服公司关系变化带来的影响

集团集中采购部门的创立和授权,对国际石油公司与油服公司之间的业务合作方式有巨大影响。部分油服公司认为采购部门的兴起使得它们与国际石油公司的合作关系出现倒退。油服公司通过采购部门签约的情况日益增加,而不是同设备或服务的终端用户谈判签约。油服公司称其很难向采购部门清楚地解释所提供产品或服务区别于其他家的优越性以及为项目带来的价值。服务的终端用户及石油公司的技术专家(如石油公司的钻井设计部门)可以直接和油服公司接触互动,这对于具有明显技术优势的油服公司是有益的。

正如一位油服公司的受访者所说:"终端用户部门更了解我们工作的价值,采购部门并不了解。在以业内一般性的、最基础的技术指标为标准对竞标公司进行资格预审后,采购部门无法分辨各入围公司的服务质量。尽管采购人员拥有基本的技术常识,但应该有更好的办法来评定投标,很多技术上的优势是没办法通过一张Excel表格充分说明的。比如当服务商提供的解决方案达不到一定标准时,应该有相应的惩罚机制,这种惩罚可以换算为成本并计入报价。通过这种方式,更好的技术方案能在招标中脱颖而出。通常情况下,优势技术的成本稍高,这种价差很难向采购部门解释清楚。评标中的资格预审可以筛选一些最基本的技术资质,但最佳技术方案无法影响评标结果。招标不能区分出先进技术。我们给出一个最基础的技术方案,在赢得招标后再与客户讨论更优的方案。如果一开始就提供最好的技术方案和相应报价,我们就会输掉投标。此外,当采购部门参与招标时,油服公司的目的都变为通过低价赢得招标,然后提供替代方案,这导致了一个'油服公司试图提高服务费——石油公司力图降低成本'的不必要的循环,最终采购部门也无法有效控制一项服务的总成本。实际发生的成本不是简单的进尺费率或小时费率,因服务质量低劣而导致的意外事故、测量误差等因素都会造成成本增加,但这些都没有被计算在内。壳牌公司曾经因测量失误,错误地估计了油田储量,这对总成本造成的影响,壳牌公司没有进行任何事后评估。我们需要设计一些可以用于调整招标报价的乘数,来估算潜在的总成本,但采购部门并没有动力开展这一工作。"

油服公司认为,随着一个组织供应链管理的发展,服务提供商日渐远离终端用户部门。当合同采办由国际石油公司内终端用户部门主导时,具有对先进技术优势以及对自身技术需求细节的深入了解。油服公司普遍表示,如价格、技术方案、安全环保记录和本地化率在招标时应得到更充分的考虑。

对于采购政策,据一家国际石油公司的受访者证实,如果所需的服务要求提供特殊技术,那么石油公司会选择可以提供一流技术服务的供应商。在复杂项目中,石油公司更倾向于与知名大型承包商合作,通常是国际化的供应商。大型油服公司如斯伦贝谢公司、哈里伯顿公司、越洋钻探公司、贝克休斯公司、威德福公司、德西尼布公司以及塞班公司是多数国际石油公司首选的合作伙伴。对于一般不具备技术挑战,任何一家油服公司都可以服务的项目,国际石油公司将选择成本最低廉的竞标者。国际石油公司的最终目标是实现价值最大化。

为更好地满足国际石油公司需求,油服公司同样必须建立强大的自身供应链管理体系。油服公司会设法与其分包商(如原材料供应商)形成战略联盟,同时也会寻求多元化采购。多数油服公司设有集中采购机制,为所有公司内的部门进行统一采购,尽量将所需的类似采购项目归纳在一张合同项下。斯伦贝谢公司是油服公司中有效管理供应链的典范。斯伦贝谢公司从不外包服务,尽管也会将部分装备制造任务外包,但还是亲自进行最后的装配测试工作。对于像斯伦贝谢公司这样的大型油服公司来说,供应商十分重要,因此它们非常认真的管理维护这些合作关系。斯伦贝谢公司有强有力的供应链管理和采购组织机构。斯伦贝谢公司供应链服务部门为所有下属公司提供供应商管理、战略采购以及后勤和存货管理服务。斯伦贝公司选择专业、具有职业道德、有竞争力的和成本效益好的优选供应商进行合作,这符合其政策、内控流程和经营目标(Schlumberger, 2012a)。

其他油服公司的采购部门发展也越来越成熟。如一家油服公司的受访者提到,在2009年,这家油服公司举行了供应商会议,150家油服公司的供应商参会。会上,油服公司与其供应商讨论如何改进双方的合作关系、克服合作中的困难和挑战。在会议期间,这家油服公司向每位供应商派驻了一名雇员,这些雇员成为与各家供应商进行采购的承办人和指定联络人,他们的工作任务是充分了解每家供应商的经营模式。

如前文详述,国际石油公司和油服公司的关系是复杂的,受到多重因素影响。下节会对影响这个关系的另外两个因素进行探讨,即国家石油公司的存在以及联合公司结构。

3.1.6　国家石油公司阴影下的双方关系

从地理位置上看,全球油藏分布区域有限。国际石油公司在资源国所有的油田上作业,这些资源国有自己的国家石油公司。国家石油公司在规模、技术实力、资本结构以及资产分布方面各有不同。一些国家石油公司,如挪威国家石油公司和中国石油已经像国际石油公司一样在资本市场上市。其他如科威特国家石油公司或尼日利亚国家石油公司,则更近似于政府的管理部门。部分国家石油公司,如尼日利亚国家石油公司和哈萨克国家石油公司,在业内专家看来,水平远远落后于挪威国家石油公司、巴西国家石油公司和沙特阿美公司等技术实力很强的国家石油公司。例如,按已探明储量排序,沙特阿美公司是全球规模最大的石油公司,其前身出自于著名的"七姐妹"(Hermann 等,2010)❶,在美国石油情报周刊的全球石油公司排名中,连续22年位列世界第一大石油公司(Saudi Aramco,2010)。据受访者描述,在20世纪80年代和90年代,沙特阿美公司还不具备像国际石油公司巨头一样的技术实力。但是经过几十年坚持投资和同服务商的深度合作,沙特阿美公司逐渐掌握了世界一流的技术实力和专业水准以及快速应用新技术的能力。巴西国家石油公司是另一个成熟的国家石油公司典型,其在深水领域的技术实力全球领先。绝大部分国家石油公司主要在自己国家作业,部分国家石油公司,如中国石油则像国际石油公司一样,大规模向国际市场发展。

根据国家石油公司的实力水平,资源国会决定采取哪种方式同国际石油公司合作开发油田。一般而言,资源国在需要大规模资金投入的大型油田开发中会倾向于同国际石油公司合作。对于小型的,不具技术难度的油田,资源国往往越过国际石油公司,要求其国家石油公司与油服公司直接对接。想要赢得石油合同,国际石油公司需要证明其在资金、技术和作业经验方面能够为项目增加的价值。当油价高企时,这变得尤为困难。因为此时,资源国有更充足的资金用于油田投资,并对由于作业效率导致的利润减少不够重视。不过,国际石油公司还是有充分的论据可以证明,在国家石油公司的管理运营下,油田开发效率明显降低。例如墨西哥,自其国家石油公司PEMEX公司接管油田运营后,其国内石油产量由2006年的330万桶/日下降至2011年的250万桶/日,降幅达25%(Daly,2012)。

对于国际石油公司未来在行业内的角色,业内存在大量的争论。如果油服公司可以提供综合性项目管理服务,而国家石油公司具备了必需的技术实力,可以直接监督指导油服公司的工作,那么就能越过国家石油公司与油服公司之间起纽带作用的国际石油公司。部分成熟的国家石油公司(如巴西国家石油)已经可以像国际石油公司一样,并且发展出自身的供应链系统。现今,沙特阿美公司和俄罗斯国家石油公司已经开始直接聘用油服公司。

另外如前文提到的,国家石油公司在开采地质情况比较简单的油田时,更倾向于直接聘用油服公司,但面对复杂情况的油田,则会寻求国际石油公司的帮助。例如,对于地处北极圈的Shtokman天然气田,俄气公司寻找了几家国际石油公司进行联合开发。海上和陆上油气田的情况也有所不同。对于陆上油气田,国家石

---

❶沙特阿拉伯石油公司史:1933年——加利福尼亚阿拉伯标准石油,100%雪佛龙公司;1936年——雪佛龙公司50%,德士古公司50%;1938年——获得发现;1944年——重新命名为阿美石油公司(阿莫科公司),雪佛龙公司30%,德士古公司30%,埃克森公司30%,美孚公司10%;1974年——国有化:国家持股60%,雪佛龙公司12%,德士古公司12%,埃克森公司12%,美孚公司4%;1980年——国有控股100%(Hermann等,2010)。

油公司倾向于亲自管理整合供应链,而对于海上油气田,国家石油公司则倾向于选择国际石油公司对所需的服务进行集成整合。海上和陆上油气田的主要区别在于海上油气田开发需要巨额资金和较高水平的专业技术能力。当油田钻井深度超过3000米时,国家石油公司通常也会邀请国际石油公司参与,提供大额资金和先进技术。

国家石油公司和国际石油公司一般以签订产品分成合同、组成联合公司的模式合作。在产品分成合同中,国际石油公司通过分成油气产量来回收勘探开发投资。因采购成本出自国家资源,国家石油公司会对设备和服务的招标采购设定标准,并对服务商的选择具有一定程度的决定权。在某些国家,国家石油公司会硬性要求进行系统性招标,并通过加入"本地化率"条款,规定必须使用一定比例的本地服务。

油服公司对于未来趋势会是同国家石油公司直接合作,还是通过国际石油公司参与油田服务,持保留观望态度。油服公司在一些油田向国家石油公司提供集成化的项目管理服务,与国家石油公司直接合作。如一位受访者称,"某些油服公司规模很大,拥有油田开发需要的所有关键技术。这一点被部分国家石油公司认为是非常重要的,比如斯伦贝谢公司可以为PEMEX公司在墨西哥提供综合性项目管理服务,PEMEX公司对斯伦贝谢的这种能力非常重视。"

对于油服公司,国际石油公司提供的机会虽然少于国家石油公司,但往往规模或金额较大。尽管所有国际石油公司的储量总和在全球占比不到10%,产量在全球占比约15%,但超过30%的各类新兴油田开发由国际石油公司管理[1]。油服公司更希望获得大而整装的项目订单,而不是数量较多的小额订单。部分油服公司还认为,国际石油公司在它们与国家石油公司之间可以起到很好的协调润滑作用,直接与国家石油公司建立的合作关系相比之下更不可靠、不稳定。基于国际石油公司拥有更丰富的经验和更先进的技术,油服公司会鼓励国家石油公司邀请国际石油公司参与项目。油服公司称,部分国家石油公司缺乏采办与合同管理体系。例如,某些国家石油公司从启动招标到最终签订合同耗时长达2年,而同样的流程国际石油公司的处理效率明显更高。语言障碍是一些油服公司提到的更希望通过国际石油公司来同国家石油公司合作的另一原因。部分油服公司认为与国家石油公司的合作通常都是一次性的,而与国际石油公司的合作关系是长期的。

对于国家石油公司和国际石油公司之间的影响力转换,以及这种变化将如何

---

[1] 石油储量和产量占比的出处见本书第2章2.1.2部分,目前尚没有新开发油田的数据。30%的比例数据来自于一位受访高管。

第 3 章　国际石油公司—油服公司关系变化带来的影响

影响国际石油公司和油服公司之间的关系，业内长期存在争论。如前文所述，一些国家石油公司已经具备比较成熟的技术和管理水平，可以直接聘用油服公司。此外，国家石油公司也在日渐吸引行业内的高素质人才。一些曾经为国际石油公司工作的工程师转投国家石油公司，并带去了他们的专业技术能力。

这些发展趋势导致了国际石油合作中产品分成合同的减少和技术服务合同的增加。国际石油公司只能被动接受通过提供服务赚取报酬费的方式来参与资源国油气项目，例如伊拉克目前的油气田招标使用的是服务合同。一些油服公司反映，在以后的此类合同招标中，它们将有可能必须与国际石油公司同台竞技，为国家石油公司提供相同的服务。国际石油公司越来越多地与资源国签订服务合同，将会重新定义它们同油服公司的关系。

3.1.7　联合公司内部的合作关系

如前文所述，国际石油公司和国家石油公司通常以组成联合公司的形式合作。这与其他行业（如飞机制造业的波音和空客都是独立公司）分别独自组装产品有所不同。当今多数大型油田是由数家国际石油公司同国家石油公司组成联合公司来进行勘探开发。一般情况下，其中的一家国际石油公司被推选为作业者，负责对整个流程和采购进行管理。作业者领导"作业委员会"，选择油服公司并向其他伙伴递交经营决策。一份油服订单是由联合公司中的所有伙伴共同决定的。当一家国际石油公司在某特定领域具有明显的经验优势时，作业者和其他合作伙伴会期望这家公司在这个领域相关的项目决策中做更多贡献。在联合公司中，项目支出是预先支付的，当年所有的成本费用会在年底递交接受年度审计。对于一定金额以下的采购，作业者可以全权做主；超过一定金额，招标决策将提交给"招标委员会"。因招标决策是联合体伙伴共同做出的，招标服务的进展会定期同伙伴公司沟通。近些年来，"前端设计"概念日渐被行业所重视和采用，在"前端设计"时，项目处在早期的勘探开发评价阶段，国际石油公司进行大量的分析和概念设计工作，绝大多数供应链采购决策也在完成这些工作时做出。

在联合体内存在不同的合作结构和竞争压力。国际石油公司同油服公司的关系和它们在项目中的投资类型是相互关联的。当一家国际石油公司独立作业、处于联合体中或与国家石油公司合作时，其角色定位各不相同。当没有国家石油公司参与时，国际石油公司在联合体中往往有更大的灵活度，这是由于国家石油公司会在采购中添加如本地化率等强制性要求。

3.2 国际石油公司与油服公司关系的重要性

国际石油公司与油服公司之间关系的重要性常常被业界低估。相比之下,国际石油公司和资源国政府或国家石油公司之间关系的重要性受到高度重视。国际石油公司因业务发展需要而不断获取新储量,这使得它们与资源所有者的关系变得尤为重要。表面上看,国际石油公司和油服公司的关系并不十分受到重视。但其实这一层关系同样关键。若国际石油公司选择了错误的油服公司,接受了质量低下的服务,就会影响与资源国政府的关系。此外,想要发现新储量,也需要油服公司提供先进的技术服务以及高效的工作配合。

接下来本小节将从投资和技术两方面分析这种关系的重要性。我们还会着重强调这种关系如何塑造了油服行业的结构,以及双方如何维持合作与竞争关系的微妙平衡。后一小节详细讲述了BP公司在墨西哥湾的马康多不幸事故,国际石油公司和油服公司工作界面配合衔接的问题(作为原因之一)导致了这起重大灾难。

3.2.1 投资水平显著

油服公司在石油行业供应链的各环节提供设备、技术和人员,通过向包括国际石油公司、国家石油公司和独立石油公司在内的客户提供服务获得收入。油服公司的收入构成了国际石油公司资本性支出的重要部分。国际石油公司支付给油服公司的服务费包括勘探投资(地震、勘探和钻评价井)、开发投资(前端工程设计、设备采购、设施建造、钻井、钻机/钻井船采购、油田地面工程以及项目管理)和运营投资(油田日常运营性支出如燃料费用、飞机租赁、钻井平台给养、运输费和其他后勤及日常运维开支)(Hermann 等,2010)。

国际石油公司的资本性支出数额巨大,绝大部分支付给油服公司,这从一个角度证明了国际石油公司和油服公司合作关系的重要性。例如,壳牌公司和埃克森公司在2011年的资本性支出分别达到260亿美元和360亿美元(ExxonMobil,2011;Shell,2011a,表2.4详细列出了更多国际石油公司的成本费用信息)。鉴于油气行业有逐渐向深水和更有技术挑战性的区域发展的趋势,预计大额采购预算还将继续增长。剑桥能源上游资本性支出指数显示,2004年至2008年期间,油气行业的资本性支出翻番,该指数在2008年达到历史高点。

仅从项目层面看来,投资金额也是相当可观的,国际石油公司和服务供应商经常会签订大额服务订单。例如,安哥拉Girassol项目的核心装置,一台浮

式生产储油卸货装置投资超过 9.2 亿美元，而整个项目投资为 28 亿美元（Tota，2003）。

3.2.2 技术挑战

容易开采的常规老油田逐渐消耗殆尽，迫使国际石油公司不断前往地点更偏远、环境更恶劣的区域寻找新资源。国际石油公司保持其竞争优势，利用其自身的技术实力说服资源国政府对这些储量进行开采，而油服公司是国际石油公司的技术提供方。国际石油公司在不同的技术领域保持引领地位并协调组织油服公司提供技术服务，因此双方之间的关系，对于国际石油公司攻克技术难关，在具有挑战性地区开发油气储量至关重要。战胜技术上的挑战需要双方在油气田开发过程中紧密合作，恰当应用新技术，因此国际石油公司的技术部门与油服公司保持长期稳定联系。双方还通过组建合资公司一同推动技术研发和进步。

3.2.3 竞争还是合作

在前面章节中阐述过，国际石油公司和油服公司的经营模式不同。国际石油公司为油气项目提供投资，并集成整合油服公司提供的各类技术服务。总体而言，油服公司在某一技术领域有所专长，并向国际石油公司提供这一领域服务。少数几家大型油服公司如斯伦贝谢公司和哈里伯顿公司是例外情况，它们可以提供范围全面的油田技术服务。尽管有这些明显的不同之处，自 20 世纪 90 年代起，国际石油公司与油服公司存在竞争关系的问题就已经被提出。

过去业内曾有油服公司是否最终会对国际石油公司构成挑战的怀疑。部分国家石油公司（如巴西国家石油和沙特阿美公司）已经相对发展成熟，对于技术上比较简单的陆上油田，已经可以像国际石油公司一样直接与油服公司签订合同进行工作对接。国家石油公司或聘用多家规模稍小的油服公司并亲自进行集成整合，或直接聘用一家大型油服公司如斯伦贝谢公司，向其提供综合性项目管理服务。斯伦贝谢公司是对于国际石油公司构成竞争和挑战的油服公司的典型，某种程度上还包括哈里伯顿公司，因为对比其他在某些领域有所专长的竞争对手公司，如在钻井方面见长的越洋钻探公司和主要提供水下技术服务的德西尼布公司，这两家公司可以提供范围全面的油田服务。当前，斯伦贝谢公司和哈里伯顿公司都可以为国家石油公司客户提供集成化的综合性项目管理服务。但是在它们签订的油田服务合同中，尽管在部分合同中规定了"用产量支付服务费"的方式，这种方式实际上是"以原油实物形式支付的固定报酬费"，而无法达到与一般国际石油公司签订的"分享部分发现储量"的条件。斯伦贝谢公司在 2011 年的年报中称，它们所承接的项目"是固定报酬的性质，在合同条款中包含对履约不力的惩罚机制，但基本没有机会因为油田产量超出约定的目标而获得奖励金,斯伦贝谢公司也从未对其开采的油气储量有所有权"(Schlumberger,2011,22)。在一些产量递减的老油田签订的增产协议中,油服公司与客户达成一致,它们将承担部分风险,并以增加的产量计算报酬。这些合同对以油田产量计算报酬的方式都做了严格规定。油服公司不能成为权益所有者,无法分享一定比例的油气储量。例如,沙特阿美公司授标第一个"综合性项目管理"合同给哈里伯顿公司,合同约定哈里伯顿公司的报酬将同提升的产量挂钩。尽管如此,这还是一份固定报酬的合同,同国际石油公司签订的,可以分享石油权益的合同有本质区别。

另一个例子是关于斯伦贝谢公司,该公司为很多产量递减的老油田提供增产服务,并根据增加的产量收取报酬费。很多受访者均表示,这种类型的服务不对国际石油公司构成威胁,因为尽管斯伦贝谢公司承担了增产的风险,但是并不像国际石油公司一样承担勘探风险。此外,斯伦贝谢公司提供综合性项目管理服务的全部是陆上的衰竭老油田,不是国际石油公司致力于寻找的新兴油田。最后,斯伦贝谢公司不分享油气储量权益,其报酬是基于产量增加计算出来的。如果油服公司开始分享石油权益并承担勘探、找油的"石油风险",那么它们才会对国际石油公司的经营模式构成威胁。

油服公司的受访者否认了他们与国际石油公司存在竞争这一概念。他们强调说,与他们自己的客户竞争会打击他们的传统业务,造成利益冲突。而他们宣称自己的目标是通过提高服务质量和开发新技术帮助国际石油公司取得成功。

像斯伦贝谢公司和哈里伯顿公司这样的油服公司可以为项目提供综合性项目管理服务,一部分国际石油公司承认这对于他们的确构成了挑战,对此十分关注。一些来自国际石油公司的受访者透露,由于斯伦贝谢公司是一家整合完备的公司,财力雄厚到可与部分国际石油公司相提并论,并能直接为国家石油公司提供服务,他们认为有必要就他们同斯伦贝谢公司的合作策略做出调整。

但是,也有一部分国际石油公司并不同意油服公司构成挑战竞争一说,认为只有当油服公司从国际石油公司手中争夺业务机会时,威胁才真切存在,而当前双方的业务领域有很好的分隔。尽管双方越来越多地合作研发新技术,但各自的专业领域仍然是互相分开的。因此,或许双方在经济利益上存在竞争,但在经营活动中并不存在对抗。

值得注意的是,有一些来自油服公司的受访者提出,双方的竞争关系可能来自其他方面,如国际石油公司开始接受类似油服公司服务协议模式的石油合同。相应的,石油行业传统的"油服公司收取报酬费"和"国际石油公司分享石油权益"的模式也在经历着变革。

传统上,国际石油公司通过两种合同模式与资源国进行合作。第一种是"产品分成合同"(PSA)，在这种模式下，资源国政府是油气资源权益所有者，国际石油公司分成一部分产量或原油销售收入。第二种是"矿税制合同"，资源国将勘探和开采其油气资源的权利赋予国际石油公司，并收回一定比例的销售收入和以产量为基础计算的矿税，在绝大多数资源国❶矿产资源全部归政府所有，不过一旦油田投产，产出油气的所有权被转移给国际石油公司。作为回报，国际石油公司要支付矿税和其他税费给政府（Farnejad, 2006）。

然而，近年来，国际石油公司"被迫"接受与油服公司类似的报酬费合作模式。如在伊朗，国际石油公司必须接受"回购合同"的合作模式❷（Menas, 2012）。这种模式实质上是"风险服务合同"，承包商为项目出资，承担项目风险并通过分享部分产量的形式收取报酬费。在这种合同模式下，承包商在一定期限后将油田运营权交回给国家石油公司，并对产出的原油不再享有权益。在石油行业的合作模式下，回购合同的本质仅仅是一种有一定期限和既定的风险回报率的"服务合同"。类似地在伊拉克，服务合同替代了传统的产品分成合同，国际石油公司接受了以产量为计算基础来收取固定报酬的合作模式。如壳牌公司和马油公司（Petronas）中标伊拉克 Majnoon 油田项目，签订了 20 年的服务合同，将以每桶 1.39 美元的固定费率收取报酬费（BBC, 2009）。

基于国际石油公司在伊拉克油田招标中接受的合作模式，有些油服公司提到，未来国际石油公司和油服公司或许有可能参与同一个油田竞标。因此，双方为争取同一服务机会而相互竞争的局面很有可能发生。

部分油服公司对国际石油公司逐渐转向了油服公司"提供油田服务"的经营模式表示了担忧，他们称对国际石油公司的战略难以解读，对其未来方向难以预测。相应的，国际石油公司的未来发展方向比油服公司存在更多不确定性。这种预期也在双方过去几年的股价表现中有所反应。

表 3.2 展示了一些有代表性的国际石油公司和油服公司的股价表现。数据显示，在 1990 年至 2000 年间，单以股票价格衡量，绝大多数国际石油公司❸胜过大型油服公司，如斯伦贝谢公司、哈里伯顿公司和越洋钻探公司❹。但是，以近 25

---

❶ 美国是一个明显的例外，因在美国国内，个人可以拥有探矿权。

❷ 实质上，回购合同是一种交易方式，在回购合同框架下，厂房、机械设备、生产设施和技术由当地或外国石油公司提供，用来交换以这些设备和技术直接或间接生产出的产品。投资者以项目产量的形式回收成本加实现商定的固定比例报酬。由于伊朗的革命意识形态及宪法禁止授标"矿税合同"，1989 年回购合同作为一种折中方案被启用。

❸ 例如，BP 公司和壳牌公司股价从 1990 年 1 月的 169 便士和 8.42 欧元上涨至 2000 年初的 569 便士和 29.73 欧元。2005 年两家股价都有所下降，分别在 411 便士和 27 欧附近徘徊。

❹ 例如，斯伦贝谢公司和哈里伯顿公司的股价由 1990 年 1 月 2 日的 11.02 美元和 10.22 美元分别上涨至 2000 年 1 月 3 日的 24.47 美元和 19.16 美元，在 2015 年 1 月 1 日分别达到 85.41 美元和 39.33 美元。

年的整体表现来看,绝大多数油服公司股票价格涨幅都远超过国际石油公司。

上文讨论的竞争还是合作关系目前只涉及国际石油公司和极少数油服公司(主要是斯伦贝谢公司和哈里伯顿公司)。但是,正如之前详细阐述过的,这一问题几位不同的受访者给出了不同角度的评价。当前和未来潜在的双方竞争需要进一步调研。这一问题值得关注,因为在其他行业,如航空和汽车制造业,是很难看到供货商可以与行业的集成商和整合人同台竞争的。

表3.2 选定国际石油公司与油气服务公司股票指数

公司股价	股票货币	基准年	2000	2015
英国石油(BP)	GBX	169	596	411
壳牌(SHELL)	EURO	8.42	29.73	27.66
道达尔(FP FP)	EURO	5.4	32.69	42.52
斯伦贝谢(SLB)	USD	11.02	27.47	85.41
哈利伯顿(HAL)	USD	10.22	19.16	39.33
越洋(RIG)	USD	15.81	46.9	18.33
威德福国际(WFT)	USD	1.08	6.01	11.45
卡梅伦国际(CAM)	USD	2.19	11.19	49.95
股价索引	基准年	基准年	2000 对比基准	2015 对比基准
英国石油(BP)	1990	100	353	243
壳牌(SHELL)	1990	100	353	328
道达尔(FP FP)	1990	100	606	788
斯伦贝谢(SLB)	1990	100	249	775
哈利伯顿(HAL)	1990	100	188	385
越洋(RIG)	1993	100	297	116
威德福国际(WFT)	1990	100	558	1061
卡梅伦国际(CAM)	1995	100	511	2283

注:CAM 卡梅伦国际,RIG 越洋,HAL 哈利伯顿,WFI 威德福国际,SLB 斯伦贝谢引自美国股票交易所;BP 英国石油引自伦敦股票交易所;FP FP 道达尔引自法国股票交易所;SHELL 壳牌引自荷兰股票交易所。所有股价从数据可获取时间开始索引到100;越洋自1993年,卡梅伦国际自1995年,其余公司自1990年开始。基准年索引到100。所有股票价格自所涉及年份中可获取首日开始。

资料来源:作者使用 Bloomberg 数据编辑(截至2015年5月22日)。使用 Bloomberg L.P. 版权许可。版权所有。

3.3 油服行业的变化对整个价值链的影响

3.3.1 对国际石油公司经营策略上的影响

前文章节讲述了油价和油气项目规模的变化对油服行业市场结构的影响。本节将详细阐述供应链以及油服行业结构发生的变化对业内公司发展战略的影响。

作为系统内的集成商和整合人，国际石油公司在塑造油服行业的结构方面发挥了重要作用。如一位受访者表述，"国际石油公司或许不会直接控制行业的结构性重组，但它们是引发重组的原因"。例如，20世纪80—90年代，低油价造成国际石油公司普遍削减成本，而这一举动最终导致了油服行业大规模的兼并重组。2000年由于油价达到历史高点，勘探开发活动非常活跃，国际石油公司面临同已经满负荷运转的有限几家油服公司谈判的艰难局面。国际石油公司随即开始在油服行业内鼓励竞争，以达到控制成本的目的。它们会有意识地向业内新兴公司倾斜，将服务订单分散授予多家不同服务商。一位受访者提到，当时，一项新技术被一家油服公司研发出来后，国际石油公司会故意向其他油服公司传播，以避免市场上的技术垄断。据油服公司称，国际石油公司会监测自身的服务商使用情况，当一家服务商在公司内的采购份额占比过高时，会尽量选择其他服务商。除了关注自身的服务商组合，国际石油公司还会观察每家油服公司的行业内市场份额情况，提携强势服务商之外的多家服务供应商以确保市场竞争。例如，一位受访者称，BP公司有意支持法国地球物理公司，来增加对斯伦贝谢公司的竞争压力——由于与壳牌公司紧密的合作关系，斯伦贝谢公司率先在行业内占据领先地位，尽管其他受访者认为斯伦贝谢公司在油服公司中的龙头位置是由于其自身的强大实力，与壳牌公司并无直接联系。

数位来自国际石油公司的受访者强调，国际石油公司需要确保其在维持油服公司健康的财务状况、鼓励竞争和适度向油服公司转移项目风险之间保持平衡。相应的需要改进的两个领域是国际石油公司和油服公司之间更平衡的风险分担，以及油服行业的并购重组。作为行业的集成商和整合人，国际石油公司通过持续不断地调整其与油服公司的风险分担，以及确保油服公司之间的竞争，塑造了整个行业的结构。

3.3.2 BP公司墨西哥湾事件案例分析——对项目运营管理的影响与启示

石油行业供应链发生的变化，对于油气项目的集成整合程度、"外延公司"扩展的尺度以及项目运营管理上的影响，在2010年BP公司墨西哥湾的不幸事故中

得以深刻体现。

2010年4月20日，墨西哥湾发生油气行业历史上几乎最大的一起事故。一起井控事件（井喷❶）导致大量油气从马康多井中喷出到越洋钻探公司的钻井平台——深水地平线并引发火灾和爆炸，以致最终平台沉没。事故发生地距最近的海岸线约40英里，事故发生时钻机钻进至深度约1525米，当天是深水地平线在马康多井钻井作业的最后一天❷（金融时报，2010a，2010b）。火灾事故后，大量原油继续从储层通过井眼及防喷器（BOP）❸向外泄漏，历时87天，形成了石油行业最严重的一起海上漏油事故❹（Crooks和McNulty，2010；Hoyos，2010）。最终泄漏被止住，先是7月15日通过暂时为漏油油井安装新的控漏装置，9月19日，伴随着减压井的完工，通过该井向事故油井注入泥浆和水泥，泄漏油井被永久性封堵。尽管深水地平线的作业环境格外恶劣，但这并不是这个平台第一次在这样的环境下工作。2009年，深水地平线钻井平台曾经在Tiber油田成功完钻10683米（钻井深度超过珠穆朗玛峰的海拔）的史上最深水下直井。

从项目集成整合的角度看，BP公司的这起事故和之前的得克萨斯炼厂爆炸❺或埃克森公司的Valdez漏油事故有显著区别。在BP公司得克萨斯炼厂事故中，没有承包商的直接涉入，同样的在埃克森公司的Valdez漏油事故中，事故油轮是埃克森航运公司所有，并没有牵涉第三方责任人。相比之下，BP公司的这起事故涉及多家承包商，清晰地展示了项目集成整合中的问题。

BP公司墨西哥湾事故并非单独某一操作或不作为导致的，而是多个操作失误交互作用的结果❻。BP公司组成的调查组得出结论称，一系列复杂的机械故障、

---

❶在海底储层中，地表内部存在巨大压力。在这样的深度下刺穿地表就如同在一个装满水的气球上刺上一针，内部的流体将会喷发而出。井喷是压力没有得到很好控制的情况下，石油和天然气的失控性释放。天然气溢出井口被引燃。在1920年，压力控制设备技术进步之前，井喷时常发生，常常以"喷油井"著称。随时间推移，石油行业逐渐发展了能够成功控制压力的技术。钻井施工人员将"泥浆"（一种特制流体）通过连接钻头的钻杆注入井眼。平衡反向压力是一项高难度技术工作，通过现代钻机上配有的可报告井下情况的传感器来辅助完成。

❷施工人员已经准备将深水地平线与完钻的井进行分离，哈里伯顿公司向井孔中下入钢套管并进行固井。最后一阶段的工作应该是注入水泥封固井壁，随后可安全移交给BP公司来决定如何开始生产。

❸最早发明的油气安全生产控制设备之一，防喷器是一个安装于井口的大型阀门，在钻井或修井时若油气压力失去控制，可关闭阀门。如果这些流体进入井筒，将危及钻机和施工人员的生命安全。来自市场上防喷器主要生产商卡梅隆国际的Melvyn Whitby称，防喷器是保护工人生命、资产设备和环境的主要屏障。

❹埃克森公司Valdez事故发生于1989年3月24日，一艘埃克森公司的超级油轮在阿拉斯加海域搁浅。在BP公司2010年事故前，这起事故是美国海域发生的最大规模漏油事故。

❺2005年3月23日，BP公司在得克萨斯运营的一座炼厂发生火灾和爆炸。

❻这涉及油井的完整性故障，随后是液压控制失灵。之后防喷器失效，导致了后来的油气泄漏和火灾。最终防喷器应急功能启动失败，未能在初次爆炸后成功封堵油井。BP公司的调查报告中认定了8个事故关键因素，包括不合格的固井工作，关键压力测试结果的错误解读以及防喷器失效从而未能阻止油气泄漏。

第3章 国际石油公司—油服公司关系变化带来的影响

人为误判、工程设计缺陷、操作失误以及沟通中出现的问题交织在一起,最终导致了事故的发生和后续的升级(BP,2010b)。

BP公司面临了有史以来最严重的公司危机,经历了灾难性的财务和公关后果。2010年在事件最严重时期,BP公司股票市值蒸发50%,第二季度财报显示170亿美元亏损,这是BP公司18年来的首次亏损。为处理墨西哥湾漏油事故,BP公司花费超过322亿美元,包括其设立的200亿美元灾难赔偿基金。BP公司启动了史上最大的单一公司事故响应行动,危机最严重时动用近47000人,召集超过千名科学家和行业专家共同为封堵原油泄漏寻求解决方案(Hayward,2010a)。在距出事油井500米直径内的海域派出19艘消防救援船只,距事故油井1英里直径海域内派出40~50艘船只同时开展救援,这一事故响应规模在历史上没有先例(BP,2010a)。

这起事故可以从不同角度分析,并将在各方面影响石油行业的操作惯例。事故对监管规则造成了影响,美国政府出台了更加严格的安全保障监管体系,这直接导致美国国内项目成本增加和工期的延长。道达尔公司首席执行官Christopher de Margerie称,由于监管新规出台,墨西哥湾新的石油勘探项目将面临20%的额外成本以及20%的新增工期耗时(Crooks引述自Christophe de Margerie,2010a)。本节主要通过观察国际石油公司对项目服务商的集成整合工作、没能很好地履行工作职责带来的后果,以及各方对这一后果应该承担的责任这几个方面,来分析这起事件。

如一般油田的惯常操作,有几家公司参与了马康多井的钻井作业。BP勘探与生产公司是密西西比河峡谷252区块租约的作业者,马康多井位于这一区块内。这一区块由BP公司(65%)、安纳达科石油公司(Anadarko Petroleum Corporation)(25%),以及三井石油开发株式会社(MOE Offshore)(10%)共同持有。深水地平线是一台半潜式钻井平台,由越洋钻探公司所有和运营,为BP公司提供钻井服务。固井和泥浆测井由哈里伯顿公司提供,钻井液的供应商是MI Swaco(斯伦贝谢公司下属公司),防喷器由卡梅隆公司制造,浮箍制造商为威德福公司。此外,斯伦贝谢公司提供了电缆测井服务,但在事故前一天完成服务并撤离了平台。另外,斯伦贝谢公司还签约进行水泥胶结测井,但BP公司决定省略这个测试步骤。作为区块的作业者,BP公司最终应对不同服务的集成整合以及这些服务相关的最终决策负责,即BP公司决定了整个钻井计划,钻井设计并选择了防喷器型号。按照平台上的通常情况,决策由BP公司做出,由越洋钻探公司和哈里伯顿公司等各油服公司负责执行。

事故发生后,关于事故的"根本原因"有以下几种观点。业内一直争论的焦点在于,导致事故的主要原因是外包程度过高,是BP公司在集成整合服务时出现了问题。几位行业专家指出，当前情况下，即使所有外包服务都改为石油公司内部亲自操作，风险也不会减少。不过专家们同时提到，如果石油公司可以加强其专业力量，并对油服公司作业有更好的控制，可以在一定程度上降低风险。

由于事故是一连串失误共同导致的，很难将事故责任归咎于单独一家公司。美国国会调查员对BP公司在事故前后的几项关键性决策失误做出指控，如在下套管过程中选择了风险较高的方案，即安装扶正器数量明显不足❶（Crooks 和 Fifeld, 2010）。另一个由美国总统组建的国家调查委员会出具的调查报告❷认定了由BP公司造成的几项关键性错误，包括BP公司对关键性的"负试压"异常结果的错误解读，"负试压"被用于在固井施工完成后检测固井质量（美国国会, 2011）。在同一份报告中，哈里伯顿公司被指使用的水泥浆存在缺陷，且没有进行正确全面的室内水泥浆试验，越洋钻探公司被指没有对马康多事故前4个月发生在北海的类似事故向员工进行及时告知和安全教育。这份报告称，绝大多数的错误和疏漏都可以上溯至"管理失败"，换言之"未能成功对所有服务进行集成整合"（Crooks 和 Pfeifer, 2011）。

另一方面，BP公司的内部调查结果显示，BP公司的问题主要在于"对承包商的管理不完善"，未能及时发现并阻止其所犯错误。例如，BP公司的调查报告称事故的首要原因是固井作业失败，这使得本该被密封隔离的油气向井内渗漏。哈里伯顿公司因其在固井设计和测试、质量控制以及风险评估等多个环节中出现的问题和错误操作，在报告中遭到猛烈抨击。越洋钻探公司由于误读压力测试结果也被严厉指责，尽管试压出现异常，BP公司和越洋钻探公司都错误地得出结论认为试压成功，固井质量达标。越洋钻探公司还被认为应该对防喷器失效负责，因其在安装前并未对防喷器进行检测，并且忽略了之前设备维护时发生的问题（Crooks 和 Pfeifer, 2010a）。另外，一份事发前BP公司内部审计报告中称，越洋钻探公司使用的深水地平线平台存在390个逾期未进行的设备维护问题。但是，尽管指出了这些问题，BP公司最终还是决定这个钻井平台可以胜任为其提供钻进服务（Pfeifer 和 McNulty, 2010a）。

我们并不可能在本书范围内对事故责任给出最终的清晰划分。但是，还

---

❶国会调查人员对BP公司有5项指控：(1) 在事故发生前一日，BP公司下套管和衬管时选择了较危险的方案；(2) BP公司没有使用足够的扶正器以保证套管固定在井孔正中位置；(3) BP公司及其服务承包商没有进行声波测试以确保连接套管和井壁的水泥形成了完好的密封以防止气体泄漏；(4) 在固井前，BP公司没有注入足够钻井液以检查和移除气孔；(5) BP公司没有在井口正确固定安装衬管，使得油气通过套管溢出并喷发至钻井平台表面（美国众议院能源和商务监督调查委员会，引述自Crooks 和 Fifeld, 2010）。

❷这份报告还强调了BP公司曾决策在井口封闭前用较轻的海水替换掉连接至平台的套管中的重型钻井泥浆。

第3章 国际石油公司—油服公司关系变化带来的影响

是可以推论出这起事故揭示了项目供应链中各项服务的集成整合存在问题。Andrew Hill 与我们分享了他的观点，他指出深水地平线灾难为如何更好地经营终极"外延公司"展示了生动的一课。他引用美国国家调查委员会 2011 年 1 月发布报告中的观点，即 BP 公司对同在深水地平线上工作的不同公司间"企业文化、内控流程以及决策议定程序"的不力整合，是导致事故的主要原因。根据 Hill 的观点，服务供应商和客户间工作流程衔接越严密、合作越紧密，双方对于工作的目标、价值和实施效果的认识差距将越小，而无法达成一致认识的失败合作最终会危害到整个项目（Hill，2011）。

这起事故凸显了在供应链集成整合中存在的两方面问题。从运营角度看，这起事故提供了有力证据证明，石油公司在有效组织协调、集成各项服务方面出现了问题，包括钻井和固井、防喷器和测试等一系列日常作业，而这些都是导致事故发生的原因。例如，BP 公司未能发现越洋钻探公司在安装防喷器前省略了检测步骤，这说明 BP 公司没有充分考虑供应链上各个环节中的风险点。在奥巴马组建的总统委员会出具的报告中，日常作业活动的整合与协调问题也被指出，报告认为主要承包商未能对钻井过程中出现的新变化进行有效的风险评估，且并没有和 BP 公司以及其他服务商做充分交流。此外，报告称 BP 公司最根本的问题在于没有遵循特别谨慎原则，以及要求其承包商对作业保持高度的风险防控意识（Crooks 和 Pfeifer，2011）。BP 公司作为这一项目所有服务活动的集成整合人，在服务的集成整合方面存在严重问题。

更深一层面考虑，长期看来，这起事故证明了如果技术服务的一个细分市场——安全生产相关的技术和服务——没有与其他业内技术服务保持同步发展，将会发生怎样的后果。在石油行业，深海钻井服务水平已经相当先进，但安全生产相关技术服务却没有配套发展。作业技术的进步已经远远领先于当前的安全生产相关技术和体系。防喷器本应是发生井喷事故时防止油气泄漏的最后一道防线，在事故中失效——这显示了整个项目实质上是在虚假的安全环境下运行。事故应急预案也不够充分，同时，根本不存在抢修水下事故的基础海底设备。以上这些都说明安全技术的发展远远落后于钻井技术发展。

石油行业研发钻探超深水井技术的同时，并没有充分研究如何阻止在水下 1 英里深处发生的原油泄漏，这一点一直为外界所诟病。随着行业技术实力的不断发展，业内公司逐渐加大深水和极端环境下油气勘探开发力度，却并没有充分了解潜在危险以及妥善设计应对的安全措施。例如，一份哈里伯顿公司 2009 年的介绍材料曾对深海固井作业中存在的风险提出警告。材料列出了成功固井的特征，并提出"深海环境无助于同时达成这些工作目标"。（Crooks 和 McNulty，2010）。数位受访者认为，安全技术落后于钻井技术反映出各项服务技术整合的过程中长期存在缺口。可以认为，作为项目的集成商和整合人的石油公司没有很好地引导技术研发方向，以确保安全技术的进步能够满足其他领域技术发展需求。

除了事故原因调查，事发后争论最激烈的一个问题是事故责任的分担。这一问题使得国际石油公司与油服公司以及合资公司伙伴之间的关系变得更加复杂。

对于合资伙伴来说，普遍接受的项目运行方式是作业者负责处理一切运营中存在的问题。除非作业者被发现存在"重大过失"，原则上小股东根据自己在项目中的权益份额来承担油田投资以及油田事故的损失和相应责任（McNulty 和 Hoyos，2010），但在个案层面看，谁该承担最终责任——作业者、服务承包商还是全部合资伙伴——被视为一个合同关系问题。不过几位受访者提到，如果所有风险都由作业者来承担，那么逐渐会没有人愿意担任作业者角色了。在 BP 公司的这起事故中，美国政府的调查显示，没有证据表明其他合资伙伴参与了决策程序，所有与马康多井钻井计划和设计相关的决策都是由 BP 公司主导的（McNulty 和 Crooks，2011）。尽管如此，合资协议中规定了所有合资方都是责任主体。最终根据合同，BP 公司与其他合资伙伴达成和解，安纳达科石油公司和三井石油开发株式会社分别为本次事故承担 40 亿美元和 11 亿美元的赔偿费用（Wembridge 和 Pfeifer，2011）。

关于该油田的服务承包商，责任分担的决定（是由最终的决策者即整合人还是工作的实施者即服务商来承担）对于石油公司和油服公司之间的边界划分具有深远的影响。

钻一口井，国际石油公司（在本案例中 BP 公司）需要集合一组专业公司来提供所需的服务和设备——在深水地平线的案例中包括越洋钻探公司（钻井平台所有者和运营者），哈里伯顿公司（固井）以及 MI Swaco（钻井液）。在这起事故中，设备供应商同意承担各自责任，并与 BP 公司达成和解，对于整个事故，防喷器的制造商卡梅隆公司承担 2.5 亿美元，浮箍制造商威德福公司承担 7500 万美元，MI Swaco 被 BP 公司指责未能正确检测泥浆和隔离方案，也同意承担部分赔偿责任，但具体数字并未公布。

与之相反的是，越洋钻探公司和哈里伯顿公司对事故持有不同看法，并与 BP 公司在损失赔偿上存在争议。事故发生的第一时间越洋钻探公司就受到 BP 公司指责，在事发后的第一份公开声明中，BP 公司前首席执行官 Tony Hayward 称，平台上作业的是越洋钻探公司的雇员，采用的是越洋钻探公司的工作流程，这起事故不能算作是 BP 公司的事故❶（Crooks 和 Andrew，2010）。BP 公司称尽管这

---

❶他对 BBC 称："这不是我们的钻井平台，不是我们的钻井设备；不是我们的雇员，我们的系统和流程，这是越洋钻探公司的平台、他们的系统、人员和设备。"

第 3 章 国际石油公司—油服公司关系变化带来的影响

起事故由 BP 公司承担责任，但事故并非由 BP 公司导致，真正运营钻井平台的是 BP 公司的服务分包商。BP 公司美国总裁 Lamar Mckay 强调"越洋钻探公司应对一切设备的安全性负责，包括防喷器，这一设备本应在爆炸后关闭井口，是自动防故障系统中的最后一道屏障（引自 Fifield 中 Lamar McKay 的表述）"。但是，这样的表述完全忽略了 BP 公司作为项目管理者和协调人的角色与职责。在作出初始表态后，BP 公司随后承认了其员工参与了平台上的一些关键性决策（金融时报周末版，2010）。越洋钻探公司首席执行官 Steve Norman 表示公司的作业操作都在 BP 公司的指令下进行。他还补充到，"一切海上油气勘探生产项目始自作业者，终于作业者"（Crooks 和 McNulty，2010）。直至本书截稿时，BP 公司与越洋钻探公司仍然就双方责任和角色存在争议，最终法院关于责任分摊的裁决结果将为整合人（作业者）和其服务供应商之间的关系作出重新定义。换言之，法院将划分这些公司的边界。

关于哈里伯顿公司，几份事故调查报告都提到哈里伯顿公司在固井作业中的缺陷和失误。有质疑的声音称，很可能是由于固井所使用的水泥稳定性较差最终导致了事故发生，并提出如果这是事故原因，那么谁该为水泥的质量和安全性负责。美国国家调查委员会报告显示，在作业前进行的 4 次室内试验测试中，3 次测试结果显示该水泥的稳定性差。部分测试结果递交了 BP 公司，其余没有。这一发现引发了一个问题，即为什么哈里伯顿公司的员工没有就这一测试结果做出反应（Pfeifer 等，2010）。调查人员发现，在 2010 年 3 月哈里伯顿公司曾向 BP 公司提供了两次测试中一次的数据，测试结果显示一种与马康多井固井所用水泥设计非常相近的淡化泡沫水泥浆稳定性较差。BP 公司和哈里伯顿公司都没有依据这一结果做出任何反应。不过，这些数据被计入项目的技术报告，但没有任何迹象表明哈里伯顿公司将这一负面结果向 BP 公司着重强调（Pfeifer 等，2010）。调查发现，水泥浆没有很好地防止油气从储层中泄漏进入井内，是造成事故的主要原因。BP 公司和哈里伯顿公司就双方各应该为此承担多少责任存在分歧（Crooks，2011a）。

BP 公司已对哈里伯顿公司提起诉讼，重申油服公司应对事故损失负责。哈里伯顿公司的安全环保总监 Tim Probert 回应说，"哈里伯顿公司的固井工作完全是按照项目所有者的要求进行的"（引自 Fifield 中 Tim Probert 的讲话，2010）。哈里伯顿公司拒绝庭外和解，坚称其完全按照 BP 公司的指令作业。这起诉讼目前仍在审理阶段，耶鲁法学院教授 Doug Kysar 认为，即使其他公司应该为损失承担部分责任，法院仍会判决 BP 公司有义务对损失先行做出赔偿，"由于 BP 公司负有对所有服务承包商进行监督管理的职能和义务"，BP 公司可以随后向相关责任人进行追偿（Crooks 和 Pfeifer，2010a）。

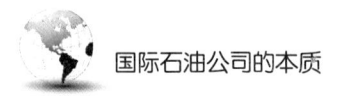

美国政府向事件中的三家核心公司——BP公司、越洋钻探公司和哈里伯顿公司开出罚单，理由是他们违反了海上油气作业监管规定。罚单中涉及其他公司这一举动受到BP公司的欢迎，BP公司一直提出造成事故的错误是涉事几家公司，而不仅仅是BP公司一家公司的责任（Crooks和McNaulty，2011a）。

法院最终的判决结果或庭外达成的和解，可能将会改变整个行业当前的由作业者承担绝大部分风险为前提的经营模式（金融时报，2012）。目前多数情况下，国际石油公司与油服公司签订的协议通常规定，除非证明存在重大过失，否则服务供应商不参与事故赔偿。例如，在BP公司与越洋钻探公司签订的服务协议中，BP公司同意"保护、防卫、补偿越洋钻探公司，使其免于一切诉讼、诉求、赔偿及相关成本费用"❶。根据Crooks的报告（2012），合同甚至规定了这种损失补偿机制在越洋钻探公司有重大过失行为时仍然成立。但BP公司辩称因越洋钻探公司严重违反合同约定，因此不能适用损失补偿条款。但越洋钻探公司表示若在当前服务协议条款约定下，法院仍判决其承担很大份额的损失费用，那么石油项目运营将无法继续，因为没有一家服务公司愿意承担需要大额赔偿事故的风险。越洋钻探公司指出，油气从井下泄漏的责任应全部由项目所有者和作业者（在本案例中是BP公司）来承担，越洋钻探公司在其签订的服务协议中明确约定了这一点，应受到法律保护。（Crooks和Pfeifer，2010b）。

当前责任分摊问题已经成为合同谈判中主要关注点。据部分油服公司表示，国际石油公司在谈判中逐渐呈现一种趋势，即要求油服公司承担部分风险和责任。而油服公司强烈反对这种趋势，表示因为服务承包商并不是项目的决策者，项目的风险应由项目经营管理者即石油公司自留。一些国际石油公司也同意这个观点，认识到如果哈里伯顿公司和越洋钻探公司被判对事件负责，国际石油公司和油服公司之间的关系将变得非常复杂。另一方面，如果大部分责任由国际石油公司承担，可以预见到国际石油公司作为项目集成商和整合人，将进一步增加其在服务供应商日常作业中的影响，以便能更有力的控制风险，这也会使得双方公司的边界更加模糊。

事故发生后，Tony Hayward提出，行业可以降低发生严重事故的风险，但这或许意味着要改变钻井行业的作业模式；他还补充到，需要改变将数个专业领域公司组合到一起的模式。他表示，"这不仅是指BP公司和越洋钻探公司，越洋钻探公司是一家优秀的钻井服务承包商，但是我们必须要问我们还能在多大程度上降低风险"。他还称这次事故还引发了一个疑问，即现行的行业操作范例是否是

---

❶绝大多数钻井服务协议中，在"相互免责条款"中对发生事故后的赔偿责任分摊机制作出规定。详见本书第4章4.2.3部分。

第 3 章 国际石油公司—油服公司关系变化带来的影响

未来正确的发展方向。Hayward 在华尔街日报上发表的一篇评论文章中提出，"数十年来石油行业都依靠大量外包工作给专业承包商，但在马康多事故后我们不禁要问，参与项目作业的各方应该如何更紧密的合作，以便更好地理解和降低整个钻井作业过程中相关的各类风险"（Hayward，2010b）。他还认为 BP 公司在未来可能会运营自己的深海作业钻井平台。壳牌公司已经向这个方向迈进，与 Frontier 钻井公司成立合资公司（Crooks 和 Luce，2010），双方已联合开发一种新型钻井船"公牛钻机"，用于在深水和北极地区实施钻探作业，相比传统的钻井船操控更简便，也相对更节能（Shell，2011b）。壳牌公司管理层认为，以合资形式建造一批自己的钻机和平台，有助于降低对服务分包商的依赖，保持在技术上的控制权。马康多事故后，如果 BP 公司也决定向这一方向发展，这将根本性的改变当前的行业结构（Crooks 和 Luce，2010）。

一位受访者表示，管理整个项目、整合各类服务并且承担项目风险和责任的应该是国际石油公司。但这位受访者继续称，油服公司也应该向国际石油公司推荐某些具体的作业方法，并提醒国际石油公司已选定的方案是否违反了安全生产实践。例如，一家油服公司告知其员工，向国际石油公司推荐采用他们的某些服务和安全生产实践，若国际石油公司不采纳，这种情况要向油服公司的高管层汇报。不过，这种做法是否能有效避免类似马康多事故的发生尚不十分明朗，因为在事发前，相关的几家石油公司也有同 BP 公司进行过这种讨论。据《金融时报》报道，就在爆炸发生前一天，一位 BP 公司高管和一位越洋钻探公司高管还就 BP 公司开始用海水置换井中的泥浆这一决定发生争论。BP 公司也表示过，在试压存在异常的情况下决定向前推进后续步骤是一个根本性错误（Kirshgaessner，2010）。同样地，哈里伯顿公司也提到他们有就"扶正器数量过少提出过担忧，也就固井作业的方式提出自己的建议，不过最终哈里伯顿公司按照并严格遵从这口井的所有者决定的方案进行作业"（Pfeifer 和 McNulty，2010b）。BP 公司在一份声明中对哈里伯顿公司的这一观点提出反驳称，"哈里伯顿公司对于使用 6 个扶正器的决定过程非常了解，如果哈里伯顿公司严重担忧这个决定可能影响作业安全，那么他们有职业道德和法律上的义务拒绝进行这项操作"（Pfeifer 和 McNulty，2010b）。因此，我们对于推荐最佳实践、就担忧的问题进行讨论的方式是否就能避免事故，还尚无定论。

与责任分担密切相关的另一个问题是，谁应该为巨灾事故承担责任。一般来说，对于发生概率低，但损失金额巨大的巨灾事故，油服公司规模过小，无法承担此类风险。例如，越洋钻探公司是全世界最大的钻探公司，但其资产规模对比 BP 公司墨西哥湾漏油事故的损失还是过小。即使合同中规定了此类风险应由越洋钻探公司承担，现实中这个风险根本超出了油服公司的承受能力，因此这种规模的损失，最终风险还是要留在国际石油公司内部。此外，当油服公司同意承担此类风险，他们也会设法将风险转移给自身供应链下端的分包商。即使这些规模更小的分包商在合同中同意承担风险，由于他们的规模和偿付能力，最终为事故买单的仍会是国际石油公司。一旦供应链中某一环节的公司不履约，责任还是会归属于项目的作业者。因此，为更有效地对项目风险进行管理，国际石油公司需要更进一步加强对自身供应链的控制。

由于预防是风险管理的最佳方式，马康多事故后，国际石油公司将会对自身的作业和合同风险进行复查，增强风险控制力度，提前建立更好的事故响应机制，以避免同类型事故再次发生。已经有国际石油公司在近期与油服公司签署的合同中约定了关于作业暂停或延期情况下闲置钻井设备的费用计算相关条款，来应对类似于马康多事故后墨西哥湾钻探作业全部停工6个月的情况。

关于事故的其他后续影响，业内普遍认为这次事故会影响行业结构，对大型钻井服务公司的需求会有所提升，因为监管部门出台了更严格的监管标准和规定，而这种情况更有利于大型的服务公司。不过值得注意的是，这起事故中涉事的两家服务公司都是在各自领域内最大的公司。

据一位受访者称，国际石油公司已经意识到它们自身极易因油服公司所犯的错误而遭受损失。BP公司的内部调查报告将导致事故的绝大部分责任归咎于服务承包商，即越洋钻探公司和哈里伯顿公司。一些受访者表示，作为对事故的反思和回应，国际石油公司需要更多地参与到油服公司日常作业的管理中去，并且更多地使用第三方检验人。

事故发生后，各资源国纷纷出台了更严厉的监管规定，并更加严格地控制国际石油公司的钻井活动。如巴西就制订了新规来控制预防类似泄漏事件的发生（Person，2011）。为更好地管理风险，国际石油公司会将资源国更加严格的监管规则传递给油服公司，如可能在授标钻井承包商时，设置更严格的标准，对设备规格和钻井工艺流程做出更高要求，以及更加注重现场作业人员的能力。一些国际石油公司还为自身设定了高于法定要求的自愿性标准。例如BP公司为其在墨西哥湾的作业设置了比现行监管要求更严格的自愿性钻井作业标准，包括第三方对防喷器的检验和维护（Pfeifer，2011），这类诸如对防喷器的检查要求说明，相比事故前，BP公司为最坏情况做了更充分的准备（Crooks和McNulty，2011b）。

新增的流程和要求对油服公司有直接影响。如越洋钻探公司的财务数据显示，其5个钻井平台在2011年第三季度利润额低于预期，主要原因是防喷器需要检修和维护（Pfeifer，2012）。这些规则和要求不止针对服务公司，也延伸到了设备制造商。即使国际石油公司并没有按照这种规格采购每一单设备，但确实对每一单采购采取了更严格的控制，并更倾向于采用"优先合作供应商方式"来增加每一项设备采购的标准化程度。集中决策和采购的力度会更强，以降低不同采购合同中的差异化风险，从而更好地控制这部分风险。这样操作的目的是降低每个环节的风险，并且对公司整体风险程度有准确的了解。

这起事故后，更多的外包工作通过集中采购进行，这意味着更强的控制力度和数量更少的供应商。此外，由于监管标准更加严格，作业和保险成本都将上升，这对小型公司承揽业务又是一个打击。并且，大规模的潜在责任使得深海油田的业主对有良好安全作业记录的大型油服公司的需求不断增加。PFC 能源咨询公司主席 Robin West 认为，随着时间推移，有更稳固的安全作业记录和更稳健的资产负债情况的公司会脱颖而出（McNulty 和 Blas，2010）。因此，油服行业进一步的并购重组有望发生。更严厉的监管环境，更细致的监督检查，以及愿意为更优质的服务支付的溢价，都会有效地减少供应商数量，对大型油服公司更加有利（Hoyos 和 Thomas，2010）。这起事故会促使国际石油公司对使用最新型最安全的钻井船和钻机更加重视，增加这类船只设备的销量。国际石油公司会对油服公司及其选择的操作者的资质有更高的要求。这样将只有少数公司能满足资源国和石油行业设定的标准。类似海洋钻探这种拥有市场上最新型钻井船队的公司将会从新规中获益（Wright，2010）。合资项目的合作伙伴会对作业者进行更严格的管控，作业者也会要求合作伙伴在发生事故时分担损失赔偿。

这次事故还会影响规模较小的石油公司。国际石油公司的规模和资产多元化程度足以应对个别项目暂时关停。然而，将一台日费近 50 万美元的深水钻机在项目暂停期间闲置，会给如墨菲诺布尔能源和克尔麦吉公司这样的小型石油公司造成严重的财务困境，这类公司没有其他的全球项目可以将闲置钻机调动过去加以利用，这种预期会强迫这类公司退出深水项目（McNulty 和 Blas，2010）。另外，BP 公司被强制设立 200 亿美元❶灾害补偿基金已经在实际上移除了此前法律规定的针对漏油事故设置的 7500 万美元经济损失赔偿上限（Economist，2010）。考虑到这种"无限"赔偿责任，今后只有少数一些公司有能力在美国作业（Hoyos 和 Thomas，2010）。

如前所述，这起事故将对石油行业产生重大影响，据 Douglas Westwood 咨询提供数据显示，2010—2014 年全行业原计划将有 1700 亿美元用于投资全球深水/超深水项目开发，其中绝大部分投资集中在深水领域"金三角"的墨西哥湾、西非的安哥拉和尼日利亚以及巴西。深水勘探对于国际石油公司来说已经不是一种

---

❶本次事故 BP 公司的损失可能来自三部分。第一部分是封堵油井和清理污染费用；第二部分是清洁水域法案中规定应支付的罚金；最后，还有因事故造成联邦、州和当地经济活动减少带来的税务损失及环境破坏的赔偿（经济学人，2010）。

可有可无的选项，而是一种核心能力。未来，国际石油公司将必须不断增加在深水领域的勘探活动。BP公司这起事故显示了在深海环境中修正问题的巨大难度。因此，各资源国必须郑重考虑如何建立最佳机制来处理这种罕见但灾难性的事故（Financial Times, 2010a）。不断增加的监管要求和更严格的项目管控将会产生全球性影响（McNulty和Blas, 2010）。

这起事故对全行业的影响触发了国际石油公司间的激烈讨论。埃克森公司首席执行官指责BP公司对整个石油行业造成巨大伤害，并指出这起事故并不是"黑天鹅"事件，它对所有国际石油公司都有启示意义。据埃克森公司称，这起事故的起因在于项目的管理监督混乱，但这并非是行业的普遍性问题（Crooks, 2011b）。其他国际石油公司则提出，这是一起本来可以避免的事故，而他们自己的安全系统足够健全，无须进行重大的改良修正，例如壳牌公司阿拉斯加副总裁Pete Slaiby称，"BP公司墨西哥湾事故或许对某些石油公司是一个警示，但并非对壳牌公司"。埃克森公司首席执行官也有类似表示，"在我看来，很明显有一些我认为是行业惯例的设计标准并没有被遵循……我们显然不会以他们的这种方式来钻这口井"（Pete Slaiby, 引自Crooks等, 2010）。

尽管国际石油公司普遍提到这起事故是"BP公司才会犯下的特有错误"，以及事故对一般的石油行业操作规范的冲击，国际石油公司对油服公司作业活动增强的安全要求以及更严格的控制，已经使全行业开始感受到事故的影响。一个各公司已经行动起来开始改进的领域是发展更先进的漏油响应系统，在事故发生时这一系统应对能力不足。Tony Hayward承认BP公司当时并未准备足够的设备工具以应对水下5000英尺海底发生的井喷事故。事故发生后，4家石油巨头（埃克森公司、雪佛龙公司、康菲公司和壳牌公司）共同出资10亿美元成立非营利性合资公司——海上油井封隔公司，旨在开发出一套能在事故发生后24小时内动迁到位的漏油响应系统，可应用于水深至10000英尺的环境中，日漏油收集能力达到100000桶（Coombs, 2010）。

至于BP公司，在本书写作时，仍有几起诉讼正在进行中，其中最大的不确定性在于司法部对漏油事故的调查结论以及BP公司是否存在重大过失并是否应因此被判有罪。BP公司已经拨款399亿美元用于漏油事故的处理和赔偿，若被判定存在重大过失，BP公司或将面临额外210亿美元以上的罚款（Crooks, 2010b），因此本次事故最终对BP公司的影响将由法庭决定。

尽管法院还未做出最终裁决，通过对事故发生后股价表现的分析，可以看出金融市场上普遍认为BP公司和越洋钻探公司应该为事故承担主要责任。所有涉事公司的股价在事故后都有所下跌，哈里伯顿公司股价自2012年4月20日已经恢复事发前水平，但BP公司和越洋钻探公司的股价到2012年5月仍持续低靡（表3.3）。

表 3.3　墨西哥湾事件中油气服务公司与选定国际石油公司股价索引

公司	2010 年 4 月 20 日	2011 年 4 月 20 日	2012 年 4 月 20 日
BP 公司	100	71	66
壳牌公司	100	111	114
道达尔①公司	100	103	82
斯伦贝谢公司	100	130	106
哈利伯顿公司	100	149	100
越洋钻探公司	100	82	55
威德福国际公司	100	123	80
卡梅伦国际公司	100	119	106

①道达尔股价自 2012 年下降,主要是由于 2012 年 3 月发生在道达尔运营的 Elgin Franklin 气田的天然气泄漏事件造成的。

注：股价自 2010 年 4 月 20 日,BP 公司事件当日索引到 100。

资料来源：作者使用 Bloomberg 数据编辑（截至 2015 年 5 月 23 日）。使用 Bloomberg L.P. 版权许可。版权所有。

尽管事故相关诉讼仍在继续,但 BP 公司已经被美国监管部门放行重返墨西哥湾,取得在 Kaskida 项目钻探一口新井的许可。为了获得钻井许可,BP 公司不但满足了所有政府规定的安全环保要求,还主动启用了高于政府强制性新规的自愿性标准 (Pfeifer, 2011)。BP 公司新总裁 Bob Dudley 先生表示,事故发生后,BP 公司做出了战略性调整,优化了安全和风险管理,从而可以在继续担任项目作业者时对项目风险的管理有足够信心。

总之,BP 公司这次事故充分体现了项目整合人需要对各环节供应商和服务商的日常操作进行非常细致的管理,管理上的疏忽可能导致灾难性后果。

事故突出了许多项目集成过程中可能出现的问题、工作界面的定义及一旦发生事故各方应在多大程度上承担责任。实质上,所有技术规格以及与钻井相关的决定最终都是由项目整合人做出。正如哈里伯顿公司明确指出的,公司所有在马康多井上完成的工作都是按照作业者给定的规格进行操作的 (Pfeifer 等, 2010)。BP 公司的这起事故清晰地呈现了深度的项目集成整合以及可能引发的事故责任的程度,外包服务没有被有效整合时,就可能发生不可逆转的严重问题。一个项目集成整合人应该充分关注服务商提供的服务和供应商的供货质量。尽管服务是由服务商提供的,但作业者作为项目的集成整合人,仍然应该承担主要责任 (Stern, 2010)。事故发生后,各大国际石油公司纷纷明确出台计划,复核对第三方承包商的使用以及对外包服务进行的控制。正如这次事件所证明的,服务承包商以它们的客户，即石油公司的名义工作，石油公司最终将对于承包商的所作所为承担全部责任（Skapinker，2010）。在 BP 公司这起事故中，法庭最终裁决会显示项目中各公司间的工作和责任边界位于何处。如果 BP 公司被判对事故负有全责，即法院认定在项目中，BP 公司包含了所有与他签署合同的服务承包商形成了一个广义上的"外延公司"，并应承担这个外延公司的责任。这起马康多事故证明了在一个石油钻井平台上，各公司的协作可以整合到何等深度，以及这种整合出现问题后，会引发怎样的灾难性后果。

参 考 文 献

Baxter, K. 2009. "Technip & Schlumberger Agree Subsea Pipes JV." *Arabian Oil & Gas* [Online], 23 November. Accessed 7 September 2012. http://www.arabianoilandgas.com/article-6533-technip-schlumberger-agree-subsea-pipes-jv/.

BBC. 2009. "Iraq Oil Development Rights Contracts Awarded." *BBC* [Online], 11 December. Accessed 1 September 2011. http://news.bbc.co.uk/1/hi/8407274.stm.

Bourque, J.,F. Tuedof, L. Turner, S. Gomersall, P. Hughes, R. Klein, G. Nilsen, and D. Taylor. 1997. "Business Solutions for E&P through Integrated Project Management." *Oilfield Review Schlumberger* 9: 34–49.

BP. 2010a. "Deepwater Horizon Containment and Response: Harnessing Capabilities and Lessons Learned." 1 September.

BP. 2010b. "Deepwater Horizon: Accident Investigation Report." *BP* [Online], 8 September 2010. Accessed 22 May 2015. http://www.bp.com/content/dam/bp/ pdf/ gulf-of-mexico/Deepwater_Horizon_Accident_Investigation_Report.pdf.

BPI. 2012. "About the BP Institute." BP Institute for Multiphase Flow, University of Cambridge. Accessed 1 September 2012. http://www.bpi.cam.ac.uk/intro/.

Cassidy, J., and C. Butterfield. 2002. "Electrochemical Investigation of Oilfield Fluid Corrosion on Expanded Casing." NACE International.

CGGVeritas. 2012. "What Is Wide Azimuth (WAZ)?" Accessed 2 March 2012. http://www.cggveritas.com/default.aspx?cid=1833&lang=1.

Coombs, B. 2010. "Four Energy Companies Form Oil Spill Reaction Team." *CNBC* [Online], 21 July. Accessed 30 December 2012. http://www.cnbc.com/id/38352657/Four_Energy_Companies_Form_Oil_Spill_Reaction_Team.

Crooks, E. 2008. "Shell Sets Pace as Big Oil Lifts R&D Spend." *The Financial Times*, 29 July.

Crooks, E. 2010a. "BP Leak Just a Bump in Road for further Oil Industry Exploration."

The Financial Times, 19 September.

Crooks, E. 2010b. "Cost of Deepwater Horizon Rests with the US Courts." *The Financial Times,* 17 December.

Crooks, E. 2011a. "BP Blames Halliburton Destroyed Deepwater Horizon Evidence." *The Financial Times,* 6 December.

Crooks, E. 2011b. "Exxon s Tillerson Rejects BP Take on Oil Spill." *The Financial Times,* 10 March.

Crooks, E. 2011c. "Transocean Lines Up BP Claim." *The Financial Times,* 31 October.

Crooks, E., and E.-J. Andrew. 2010. "BP Counts High Cost of Clean-up and Blow to Image." *The Financial Times,* 5 May.

Crooks, E., and A. Fifield. 2010. "Hayward Responses Raise Hackles." *The Financial Times,* 18 June.

Crooks, E., and E. Luce. 2010. "Industry Can Cut Accident Risks, Says BP." *The Financial Times,* 3 June.

Crooks, E., and S. McNulty. 2010. "A Spreading Stain." *The Financial Times,* 7 May.

Crooks, E., and S. McNulty. 2011a. "BP, Halliburton and Transocean Charged over Deepwater Disaster." *The Financial Times,* 13 October.

Crooks, E., and S. McNulty. 2011b. "Lease Sale Offers Revival Hope for Gulf Production." *The Financial Times,* 14 November.

Crooks, E., and S. Pfeifer. 2010a. "BP Shares Out Thunder for Its Perfect Storm." *The Financial Times,* 9 September.

Crooks, E., and S. Pfeifer. 2010b. "BP Sued in $21 Billion US Gulf Spill Action." *The Financial Times,* 16 December.

Crooks, E., and S. Pfeifer. 2011. "BP Investors Shrugs Off Critics." *The Financial Times,* 7 January.

Crooks, E., C. Hoyos, and S. McNulty. 2010. "Tougher US Rules on Drilling Loom Large." *The Financial Times,* 22 July.

Daly, J.C.K. 2012. "Mexico to Privatize State Oil Company Pemex?" *Rigzone* [Online], 14 December. Accessed 20 December 2012. http://www.rigzone.com/news/article, asp ?hpf= 1 &a_id=122810.

Dirksen, R. 2009. "Hostile Drilling Environments Require New Approach." EPMAG, Hart Energy, 1 August. Accessed 15 December 2011. http://www.epmag.com/Production-Drilling/Hostile-drilling-environments-require-approach_42842.

Economist. 2010. "The Oil Well and the Damage Done." *The Economist,* 17 June.

ExxonMobil. 2011. "Summary 2011 Annual Report." Accessed 5 September 2012. http://www.exxonmobil.com/Corporate/Files/news_pub_sar2011.pdf.

Farnejad, H. 2006. "How Competitive Is the Iranian Buy-back Contracts in Comparison to Contractual Production Sharing Fiscal Systems?" *CEPMLP Annual Review*, *University of Dundee* [Online]. Accessed 5 September 2012. http://www.dundee.ac.uk/cepmlp/car/html/CAR10_ARTICLE16B.PDF.

Fifield, A. 2010. "Senators Scorn Efforts to Pass the Blame." *The Financial Times*, 12 May.

Financial Times. 2010a. "Cleaning Up After the BP Spillage." *The Financial Times*, 27 May.

Financial Times. 2010b. "Oil Disaster Lessons." *The Financial Times*, 3 May.

Financial Times. 2012. "Lex Column." *The Financial Times*, 4 January.

Flaharty, G.R. 1999. "Shell and Baker Hughes Establish Joint Venture for Expanded-Tube Well Construction and Remediation Technology." *Oil and Gas Online* [Online], 8 February. Accessed 15 December 2011. http://www.oilandgas online.com/doc.mvc/Shell-and-Baker-Hughes-Establish-Joint-Ventur-0001.

FT Weekend. 2010. "BP: The Inside Story." *The Financial Times*, 2 July.

Harman, B. 2007. "Oil and Gas Industry Primer." *Investopedia* [Online], 21 May. Accessed 25 May 2012. http://www.investopedia.com/articles/07/oil_gas.asp.

Hayward, T. 2010a. "RE." Speech at Cambridge Union Society, 10 November.

Hayward, T. 2010b. "What BP Is Doing About the Gulf Gusher?" *The Wall Street Journal*, 4 June.

Hermann, L., J. Copus, and J. Hubbard. 2008. *A Guide to Oil & Gas Industry*. Global Markets Research. London: Deutsche Bank.

Hermann, L., E. Dunphy, and J. Copus. 2010. *Oil & Gas for Beginners*: A Guide to the Oil Industry. Global Markets Research. London: Deutsche Bank.

Hill, A. 2011. "BP's Woes Are a Guide to Modern Executives." *The Financial Times*, 18 January.

Hoyos, C. 2010. "The Rigs Blow-out Preventer Holds the Key to What Went Wrong and Why." *The Financial Times*, 7 May.

Hoyos, C., and H. Thomas. 2010. "BP Fallout Threatens Smaller Operators." *The Financial Times*, 23 June.

IHS. 2015. "IHS CERA Upstream Capital Costs Index (UCCI)." Accessed 27 April 2015. http://www.ihs.com/info/cera/ihsindexes/index.aspx.

第3章 国际石油公司—油服公司关系变化带来的影响

IPIQ. 2012. "Shell & Schlumberger Trade Spots at the Top." *IPIQ Global* [Online], 29 June. Accessed 5 July 2012. http://ipiqglobal.net/ing/sec_5/art.php?id=51. www.IPIQGlobal.com.

Kirshgaessner, S. 2010. "Mystery over Crew s Reaction Times." *The Financial Times*, 28 May.

McNulty, S., and C. Hoyos. 2010. "Oil Majors Review Ties with BP After the Spill." *The Financial Times*, 25 June.

McNulty, S., and E. Crooks. 2011. "Deep water Continues to Reverberate." *The Financial Times*, 19 October.

McNulty, S., and J. Bias. 2010. "Big Oil Group Break Ranks with BP." *The Financial Times*, 4 June.

Menas. 2012. "Iran: Energy Industry Overview." Accessed 15 December 2012. http://www.menas.co.uk/localcontent/home.aspx?country=75&:tab=industry.

National Commission. 2011. "Report to the President: Deepwater, the Gulf Oil Disaster and the Future of Offshore Drilling." National Commission on the BP Deepwater Horizon Oil Spill and Offshore Drilling, January.

Osmundsen, P., T. Sørenes, and A. Toft. 2009. "Oil Service Contracts, New Incentive Schemes to Promote Drilling Efficiency." Department of Industrial Economics and Risk Management, University of Stavanger. Accessed 5 September 2012. http://www1.uis.no/ansatt/odegaard/uis_wps_econ_fin/uis_wps_2009_7_osmundsen_sorenes_toft.pdf.

Patent Board. 2012. "The Top 20 Ranking, Energy & Environmental." Accessed 2 September 2012. http://patentboard.com/Home/tabid/38/Default.aspx.

Pfeifer, S. 2010. "BP Sees Rays of Hope After the Darkest Hour." *The Financial Times*, 3 November.

Pfeifer, S. 2011. "Regulators in US Clear BP to Return to the Gulf." *The Financial Times*, 27 October.

Pfeifer, S. 2012. "Transocean Books $1 Billion Macondo Charge." *The Financial Times*, 27 February.

Pfeifer, S., and S. McNulty. 2010a. "BP Listed 390 Problems on the Rig." *The Financial Times*, 24 August.

Pfeifer, S., and S. McNulty. 2010b. "E-mail from BP Rig Says Cement Job 'Went Well'." *The Financial Times*, 24 August.

Pfeifer, S., S. McNulty, and S. Kirchgaessner. 2010. "Halliburton and BP Knew the

Risks Before Spill." *The Financial Times*, 29 October.

Reuters. 2011. "Técnicas Reunidas SA, Technip, JGC Corporation and Petrovietnam Construction JSC Obtain USD 5,000 Million Contract to Build Oil Refinery in Vietnam." *Reuters* [Online], 5 January. Accessed 5 September 2012. http:// in. reuters. com/finance/stocks/TECF. PA/key-developments/article/2057835.

Saudi Aramco. 2010. "Saudi Aramco Ranked Top Oil Company." *Latest News* [Online]. Accessed 16 May 2012. http://www.saudiaramco.com/en/home/news/ latest-news/2010/saudi-aramco-ranked-top-oil-company.html#news%257C %252Fen%2 52Fhome%252Fnews%252Flatest-news%252F2010%252Fsaudi-aramco-ranked-top-oil-company.baseajax.html.

Schlumberger. 2011. "Annual Report 2011." Accessed 26 September 2012. http:// investorcenter.slb.com/phoenix.zhtml?c=97513&:p=irol-reportsannual.

Schlumberger. 2012a. "Schlumberger Supply Chain Services." *Resources* [Online]. Accessed 16 May 2012. http://www.slb.com/resources/supply.aspx.

Schlumberger. 2012b. "Total Joins Chevron and Schlumberger Collaboration on Development of the INTERSECT Next-Generation Reservoir Simulator." *Schlumberger Press Release* [Online], 26 July. Accessed 16 August 2012. http:// www. slb.com/news/press_releases/2012/2012_0726_intersect_collaboration_ pr.aspx.

Schlumberger. 2012c. "Schlumberger Gould Research Center." *Research* [Online]. Accessed 22 May 2015. http://www.slb.com/about/rd/research/sgr.aspx.

Shell. 2011a. "Annual Report 2011." Royal Dutch Shell Plc. Accessed 26 September 2012. http://reports.shell.com/annual-report/2011/servicepages/welcome. php.

Shell. 2011b. "Briefing Note: 'Technology in the Arctic'." April. Accessed 6 June 2012. http://www-static.shell.com/static/innovation/downloads/arctic/technology_in_the_ arctic.pdf.

Shell. 2011c. "Investors Handbook 2007-2011: R&D Expenditure." Accessed 1 December 2012. http://reports.shell.com/investors-handbook/2011/projectstech nology/rdexpenditure.html.

Skapinker, M. 2010. "Memo to Board: We Need to Talk about BP." *The Financial Times*, 2 November.

Stern,S. 2010. "Outsource in Haste, Repent at Leisure." *The Financial Times*, 8 June.

Team, T. 2012a. "Shell's Record Transocean Deal Shows the Importance of Ultra-Deepwater." *Forbes* [Online], 10 February. Accessed 2 December 2012. http://

www.forbes.com/sites/greatspeculations/2012/10/02/shells-record-trans ocean-deal-shows-the-importance-of-ultra-deepwater/.

Technip. 2012. "Flexible Pipe." Accessed 3 June 2012. http://www.technip.com/en/our-business/subsea/flexible-pipe.

Thurber, M., and P. Nolan. 2010. "On the State's Choice of Oil Company: Risk Management and the Frontier of the Petroleum Industry." Program on Energy and Sustainable Development, Stanford University: 99. Accessed 15 May 2012. http://iis-db.stanford.edu/pubs/23057/WP_99,_Nolan_Thurber,_Risk_and_the_Oil_Industry,_10_December_2010. pdf.

Thuriaux-Alemán, B., S. Salisbury, P.R. Dutto, and A.D. Little. 2010. "R&D Investment Trends and the Rise of NOCs." *Journal of Petroleum Technology, Society of Petroleum Engineers* 62: 30-32.

Total. 2003. "Girassol: A Stepping Stone for the Industry." Accessed 5 May 2008. http://www.total.com/MEDIAS/MEDIAS_INFOS/2151/FR/girassol-VA.pdf.

Wembridge, M., and S. Pfeifer. 2011. "BP Wins $250M for Macondo Fund from Equipment Maker." *The Financial Times*, 17 December.

Wright, R. 2010. "Oil Tankers Find Silver Lining in Spill." *The Financial Times*, 15 June.

第4章 案例分析：国际石油公司和油服公司在行业内各领域中的关系

国际石油公司是行业的整合人，处于一个复杂行业结构的中心。国际石油公司和服务承包商之间的关系层次多、复杂且因领域不同而变化。国际石油公司把涉及油服公司、设备供应商和其他合资公司间各种合作和合同关系协调结合起来，目的是为了在生产石油的同时降低成本、确保获取必需的生产要素投入和关键技术（McKinsey，1997）。下面的案例旨在演示国际石油公司和服务供应商在3个不同的服务领域之间的关系，包括海上钻探服务、勘探服务和油田服务[1]。

行业中的每个部门都对业内公司的边界和责任有不同角度的阐述。海上钻探是一个资本密集型领域，几乎所有的国际石油公司都选择外包这项业务。油田服务工作也被大量外包。这两个领域造就了斯伦贝谢公司和哈里伯顿公司等巨型油服公司。与此相反，勘探相关服务是一个比较敏感的领域，国际石油公司会保留油藏方面的关键技术能力，而只将某些特定部分外包。在每个案例研究中，在对行业和其主要参与者进行阐释说明后，我们对国际石油公司和承包商之间关系也进行了详细分析。

4.1 海上钻探服务

"钻探是惊心动魄的。"

作业者需要钻勘探井以收集储量信息，或者是为油田开采前期做准备钻开发井。油田的作业者（这里指国际石油公司）组织地质学家和地球物理专家进行地震勘测和解释来确定油田的储量潜力。如果对收集的线索进行地质分析后显示储量落实的可能性较高，作业者会聘用钻井承包商去钻探勘探"野猫井"。这是因为钻井是全面了解地下岩层地质的最佳方式，并且可以确定储层的潜力区。勘探钻

---

[1] 修井服务行业大体上被认作油气行业中的"油田服务"。本书使用"修井服务"以免在油气服务公司（油田中所有涉及的从地震到设计到建造的服务公司的分类名称）和油田服务公司（致力于油井支持服务这种专业部门的公司）之间引起混淆。

第4章 案例分析：国际石油公司和油服公司在行业内各领域中的关系

井指打井钻进地壳以便于地质学家详细研究地下岩层的组成。随后，基于获取的岩石类型和泥浆，通过测井❶会得到相关的地质数据（Natural Gas，2011）。测井信息的解释可以用来决策一口探井是否应该进行完井以生产石油或者填注水泥后弃井。

勘探钻井后为了进行石油开采，在已证实区域会钻探评价井和开发井。钻一口勘探井是一项昂贵且耗时的任务。此外，大多数勘探井往往会是干井。因此，钻井队只会在地震数据显示存在石油的可能性较高的区域进行钻探。通过勘探井对储量进行评价后才会做出钻探开发井的决定（Natural Gas，2011）。

非石油行业的观察家往往将钻井想象成用钻机在地层中钻一个洞，因此认为有能力用一台钻机❷钻上千米深的油井也不过尔尔。技术和设备的革新，比如旋转导向钻井，提升了实现钻井目标的成功率。大多数行业观察家认为陆上钻探设备是相对简单且已商品化的机械设备。然而，海洋钻探领域仍然是非常复杂的，主要由于缺乏稳定性（如漂浮）、处于腐蚀性的环境和艰难的后勤支持。海上油田需要复杂的机构体开展钻井以进行勘探和产油。选择何种复杂结构体（钻探设备和平台），是自升式钻井平台，或者是浮式钻井平台❸（钻探船和半潜式平台），很大程度上取决于作业水深（Herman等，2010）。就数据来说，自升式钻井平台开展的海洋钻井活动数量最多，半潜式平台次之，钻探船位列第三（Diamond Offshore，2012）。石油钻机有各种不同类型，包括钻探船、半潜式平台、自升式浮式钻井平台、下潜式平台和陆上钻机（Schlumberger，2012c）。钻井装置归属一些专业公司❹所有（钻井承包商），由建造厂设计和制造。

钻井承包商是通过提供陆上和海上钻井服务来帮助客户找到和开发油藏的公司。他们按照客户要求进行钻井和完井❺，这些客户可能是国际石油公司、独立石油公司或者国家石油公司。

---

❶测井泛指在钻井过程中或钻井之后履行测试来保证地质学家和钻井操作商监控钻井过程并获取比较清晰的地表下岩层系图像。

❷钻机是一种快速向地层里打孔的设备，而一个石油钻机泛指为油井钻孔和服务而装备的复杂设备。

❸自升式钻塔是底部支撑单元，不会漂浮但是依靠可伸缩脚架支撑，它们可以在水深浅于脚架的水中工作。它们可以被拖船拖拽到钻井地点或者安放在大型起重船上长距离运输。钻井浮船主要是携带着钻井设备的船只。它们可以被设计成钻探船或半潜式钻船。半潜式钻探船，例如自升式钻塔不能在海床上停留，但是在钻井期间可以在井上保持位置，通过抛锚或是动态定位系统固定。由于它们的稳定性，半潜式钻探船可以适用于危险的水域之中。自升式钻塔可以适用水深20~500英尺，而半潜式钻探船可以应用于12000英尺的水深（Diamond Offshore，2012；Hermann等，2010）。

❹极少的公司以相同的架构执行钻井和修井服务。一般来说，钻井公司（例如越洋钻探公司，钻石海洋公司）和修井服务公司（例如斯伦贝谢公司，哈里伯顿公司）是不同的公司。修井服务公司在4.3节已经分析过。

❺在油气行业，完井意味着油井为生产进行准备。这需要连续油层套管、增产作业和层位封隔使油井中烃类排出（Diamond Offshore，2012）。

钻井承包商拥有和（或）运营海上及陆上钻机，国际石油公司通过租用这些钻机来开展钻探活动。钻井公司有时也使用客户所有的深水钻机进行钻井，但是在绝大多数情况下承包商是钻机的所有者。钻机可以长期或者短期租用。根据项目的复杂性，合同有效期从两周到几年变化不等。对于全世界500多个海上钻井平台，通常的合同期少于一年。在钻井期间，承包商按日费率计算服务费。尽管使用相似的钻井技术，由于海上环境的格外复杂性，海上油田的钻机日费率高于陆上油田（表4.1）。

表4.1 某承包商钻井组和日费举例

平台类型/名称	型号/品种	生产时间	水深（千英尺）	钻深（千英尺）	位置	客户	起始时间	结束时间	日费（千美元）	前期日费（千美元）
West Alpha	4th–HE	1986	2	23	挪威	埃克森美孚公司	1月14日	7月16日	506	479
West Capella	Ultra深水	2008	10	35	尼日利亚	埃克森美孚公司	4月14日	4月17日	627.5	562
West Sirus	6th–BE	2008	10	35	美国	BP公司	7月14日	7月19日	535	490
West Phoenix	6th–HE	2008	10	30	英国	道达尔公司	1月12日	9月15日	458	544
West Eminence	6th–HE	2009	10	30	巴西	巴西石油公司	7月9日	7月15日	609	—

资料来源：根据Sea Drill可获取数据编辑（2015）。

承包商通常会公布新签钻井平台合同日费。因此市场上会源源不断地发布新签合同及新的日费。这些费率被行业观察家们追踪，根据钻机类型、使用地区以及钻井平台市场的供需变动而变化。在2012年12月，浮式钻井平台的日费范围为25.3万~46.7万美元；自升式钻井平台的日费范围为4万~5.4万美元；陆上钻机平均日费为2万美元（Rigzone，2012d）。2008年经济危机以前，高油价显著增加了对所有钻井平台的需求，促使价格达到历史最高水平。在2008年峰值时，日费已经飙升至70万美元，主要是因为全球海上钻井平台的使用率已达到百分之百（Malek等，2009）。根据摩根斯坦利的研究员Ole Slorer估算，世界上最复杂最昂贵的钻井船——超深水钻井平台在行业内的租价从2012年3月的56万美元至同年第三季度已经上涨28%，攀升至71.4万美元的创纪录水平，他命名此次价格飙升为"超级牛市"。

钻井平台使用率展示了一幅清晰的钻井平台市场供需平衡图景，即钻机费率随着使用率的提高而上涨。截至2015年5月，全球钻机使用率为86.6%，860个海上钻井平台中有673个签署了服务协议（IHS，2015）。钻井平台的需求与石

第 4 章 案例分析：国际石油公司和油服公司在行业内各领域中的关系

油公司新启动的勘探或开发项目同向变化。另外，供给随着新钻机的建造和老钻机的退役而变动。钻井平台在现代重工（Hyundai Heavy Industries）、三星重工（Samsung Heavy Industries）、大宇（Daewoo）或南通股份公司等企业的建造厂生产，而设备则由国民油井华高公司、卡梅隆国际公司和阿克尔公司等提供。图 4.1 展示了钻井行业各公司之间的关系，表 4.2 则展示了一些新签订单。

钻井平台承包商会计划通过建造平台或者收购其他的钻井平台公司来增加其钻机数量。

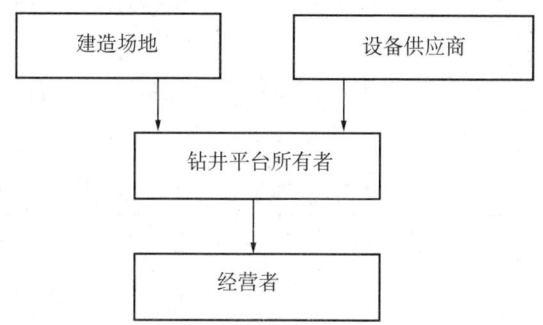

图 4.1　建造场地、设备供应商、钻井平台所有者和作业者关系图

表 4.2　截至 2011 年钻井浮船订单举例

订单日期	平台名称	承包商	平台类型	平台水深（千英尺）	建造状态	交付日期	平台设计	建造商	建造成本（百万美元）	首位经营商
2010.11.11	Queiroz Delba Drsh Tbn 1	Queiroz Galvao/Delba	钻探船	10	在建	2012.1.1	三星 10000	三星重工		马来西亚石油公司
2010.11.11	West Auriga	Seadrill	钻探船	12	已购	2013.3.1	三星 10000	三星重工	595	
2011.1.19	Noble Drsh Tbn 5	Noble	钻探船	12	已购	2013.1.1	高士特 MSC P10000	现代重工	605	壳牌公司
2011.1.20	Aker Drsh Tbn 2	Aker Drilling	钻探船	12	计划	2013.12.1		大宇	600	
2011.2.2	Ocean Black Hornet	Diamond Offshore	钻探船	12	已购	2013.12.1	高士特 MSC P10000	现代重工	590	

资料来源：韦斯特公司（West）钻井浮船当前订单节选（2011）。

4.1.1 市场结构和主要参与者

在钻井平台市场上，钻井公司的排名一般依据市场资本总额或盈利能力等不同的条件。在本书中，根据钻井平台数量排名似乎更为合适，因为承包商船队规模和钻井平台能力影响着钻井公司和国际石油公司的谈判话语权。

每个承包商船队钻井平台的数量随着新建平台的加入和老旧平台的退役每年都在变化。船队中移动式海上钻井平台、作业中钻井平台和在建钻井平台的数量每年都在不断变化。截至2012年，最大的海底钻井服务商是越洋钻探公司，诺贝尔公司和恩斯克公司紧随其后。

传统上钻井服务行业集中度较低，近年来行业经历了整合，行业公司排名[1]已经发生了很大改变（表4.3）。

表4.3 截至2012年依据钻井船队规模统计的最大承包商排名

承包商	钻井平台数量（座）	签约钻井平台数（座）	使用率（%）	总部
Transocean	138	99	71.70	美国
Nobel Drilling	82	59	72.00	美国
Ensco	77	64	83.10	英国
Nabors Offshore	71	21	29.60	美国
Hercules Offshore	64	25	39.10	美国
Seadrill Ltd.	57	38	66.70	挪威
KCA Deuta	45	41	91.10	英国
Diamond Offshore	44	31	70.50	美国
China Oilfield Services Ltd.	34	26	76.50	中国
Maersk Drilling	34	24	70.60	丹麦
Rowan	34	25	73.50	美国
Seawell	30	30	100.00	挪威
Sete Brasil S.A.	29	0	0.00	巴西
PDSVA（NOC）	26	8	30.81	委内瑞拉

注：由于Nabors Offshore 和KCA Deutag所有的钻井平台机组主要由平台钻机组成（固定的近海油气装置），根据Offshore 杂志，这些公司没有包含在表4.3排名靠前的钻井承包商名单中。
资料来源：根据Rigzone（2012e）获取数据编辑。

[1] 按照钻井机组排名在不同的汇编中显示出差异，因为一些公司自己的表单中包括平台机组而另外一些公司没有。

第 4 章 案例分析：国际石油公司和油服公司在行业内各领域中的关系

在过去，海上钻探行业集中程度低，行业内存在数量众多的钻井船建造公司和钻井船运营公司。在20世纪70年代早期，行业内开发出具备更深钻井能力（3000英尺）的新型浮船式钻井平台，如半潜式钻井平台和钻井船。到70年代末期，钻探行业形成了一种非常分散的状态，领域内存在大量运营浮船式钻井平台的公司。在20世纪80年代早期，当油价达到每桶35美元峰值时，钻井行业迎来爆发式增长，油服公司大规模投资设备和钻井平台。到1986年油价跌落至每桶10美元，石油公司纷纷取消钻井项目或者协商降低费率，导致一些钻井公司破产或被更强劲的竞争对手收购。在这10年薄利期，处于作业状态的海上钻机的数量急剧下降，从80年代超过1000台下降到了10年后的500台左右。钻探行业分散度依旧很高。到1995年，排名前三的公司市场占有率仅27%。400座自升式钻井平台由80家不同的公司所有，使海上钻探行业形成了对石油公司有利而对钻井承包商不利的供需失衡状态。公司通过购买新型钻井平台来拓展业务并不能确保其长期的成功。他们得出结论，正确的发展方向应该是通过与同业公司合并以获取现存的钻井设备，并因此增加对石油公司谈判时的话语权（Funding Universe，2012）。

1999年，自收购了斯伦贝谢公司剥离的塞德科·福瑞克斯公司，越洋钻探公司开始了它作为拥有重大市场份额的行业领导者的崛起发展之路。此次合并后，斯伦贝谢公司董事长兼首席执行官 Euan Baird 称，"总的来说，钻井行业以不稳定的收益和脆弱的资产负债表为特征。如今，行业逐渐进入更深的水域，面对更加艰苦的条件，需要更高的设备和技术投资，以及调动全球服务资源来满足客户需求，行业的结构必须做出改变"。他将本次合并称为"创造行业领导者的关键第一步"（OGJ，1999）。以交易时双方合计的钻井船队的钻探能力计算，新公司越洋钻探·塞德科·福瑞克斯占有24%～25%的市场份额，而与其最接近的竞争对手的市场份额仅10%～15%（Offshore，1999）。

随后，越洋钻探公司继续巩固其地位，在2000年与福尔肯 R&B 公司合并，2007年又与其最大竞争对手圣达菲环球公司合并。合并后的公司以越洋钻探公司为名，以150个钻井平台所有量继续保持行业内的领导者地位。尽管越洋钻探公司和诺贝尔公司的排名一直处于行业顶端，过去5年，尤其是2010年和2011年期间发生的几起并购交易，改变了行业中前10大钻井承包商的排名。排名前6的钻井承包商中，4家通过合并增加了其钻井平台数量。

表4.4和表4.5通过比较2007—2012年期间的前10大钻井承包商名单，展示了发生在钻井承包商之间的合并情况。海洋钻探公司、赫拉克勒斯公司（Hercules Offshore）、诺贝尔公司和恩斯克等公司通过收购交易增加了其所有的钻井平台数量并提高了市场份额。

— 97 —

表 4.4　近年中海上钻探公司合并情况

购买方	出卖方	交易日期	收购隐含价值（亿美元）	每口钻井平台价格（万美元）	自升式钻井平台/钻井浮船
Rowan Companies	Skeie Drilling	2010 年 3 季度	12	41000	自升式钻井平台
Seadrill	Scorpion Offshore	2010 年 3 季度	13.5	19300	自升式钻井平台
Noble	Frontier Drilling	2010 年 3 季度	21.6	30900	钻井浮船
Hercules Offshore	Seahawk Drilling	2011 年 1 季度	1.06	500	自升式钻井平台
Ensco	Pride International	2011 年 1 季度	86	43000	两者兼有

资料来源：根据西方公司"近年海底钻探公司合并活动"表（2011）。

表 4.5　2007—2012 年间排名前列的钻井承包商钻井平台数量

2007 年	数量（座）	2008 年	数量（座）	2009 年	数量（座）	2010 年	数量（座）	2011 年	数量（座）	2012 年	数量（座）
Transocean	81	Transocean	142	Transocean	140	Transocean	141	Transocean	139	Transocean	142
Global SantaFe	60	Noble	61	Noble	61	Noble	62	Noble	69	Noble	79
Noble	60	Ensco	49	Ensco	51	Ensco	50	Seadrill	56	Ensco	76
Ensco	48	Pride	47	Pride	46	Diamond O.	46	Ensco	48	Seadrill	59
Pride	48	Diamond O.	45	Diamond O.	45	COSL	33	Diamond O.	47	Hercules O.	51
Diamond O.	47	Seadrill	37	Seadrill	43	Hercules O.	33	Hercules O.	34	Diamond O.	50
Seadrill	34	Hercules O.	36	Hercules O.	38	Maersk	29	COSL	32	Rowan	34
Maersk	30	Maersk	32	Maersk	30	Rowan	28	Rowan	31	COSL	33
PDVSA	28	Rowan	30	Rowan	29	PDVSA	25	PDVSA	29	PDVSA	29
Todco	27	PDVSA	27	PDVSA	27	Pride	25	Pride	26	Maersk	28
TOTAL	463	Total	506	Total	510	Total	472	Total	511	Total	581

资料来源：根据 Offshore 每年刊印数据编绘（Offshore，2007，2008，2009，2010，2011a，2012）。

收购另一家钻井平台公司的主要优势在于增加了钻井承包商钻井平台的数量和种类。大量不同类型、不同合同到期日的钻井平台可以提高所有者钻机组合的灵活性，并且降低它们对于日费率变化的风险暴露。此外，并购被证明可以通过钻井平台的全球性分布来降低动迁成本并建立多地区客户群体。这一点在 2007 年

第 4 章 案例分析：国际石油公司和油服公司在行业内各领域中的关系

越洋钻探公司—圣达菲环球公司合并时首席执行官发布的声明中得到体现。圣达菲环球公司董事长兼首席执行官 Jon A. Marshall 谈到：

"这是一个令我们的股东、客户和我们的员工兴奋的机会。这笔 150 亿美元的现金支付交易会使我们实现一个更合理的资本结构，并使我们的联合股东立即获益。合并后的新公司会有一个更广泛的客户群，尤其是地位越来越重要的国家石油公司；公司有更大的机会去发展市场日益扩大的深水业务，并且通过合并后新增的深水平台建造项目继续低风险的内生增长（不通过并购，而是依靠公司自有力量发展规模）。钻井平台地域分布的多样性增强了我们的作业能力，这将使我们的客户受益，为我们的员工提供更好的发展机会。这是一项对双方股东都理想的交易。"

(越洋钻探公司，2007)

小型公司由于不具备地域上广泛分布的钻井平台资产组合，在某些油气项目竞标中被排除在外，这是由于远程调动一个钻井平台会导致高昂的动迁成本 (Offshore, 1999)。

BP 公司墨西哥湾事故发生之后，追加成本也成为行业合并原因之一。更高的安全和环保标准带来的额外成本，以及后马康多时代对质量更高的要求，使钻井公司的"临界规模"更为重要，这有利于大型公司。普莱德国际首席执行官 Louis Raspino 表示，"总体来讲，在后马康多时代增加'临界规模'比之前更为重要。大型的公司被认为更有能力负担全球环境下更严格的监管规定和质量要求所造成的成本，在留住最好人才上也存在优势" (Clanton, 2010)。

最后，进入更深、更有技术挑战性水域要求供应商具备更高资质，合并也是这种要求催生的结果。如果新的石油发现仍然是仅需要掌握简易技术，如陆上油田常用的抽油机（俗称磕头机）就能开采的话，那么仍然会存在大量的小型公司，行业的合并集中将不是必须的。

市场观察家预期行业内仍然会有后续的公司合并，因为市场上短期内剩余的造船厂建造能力有限，建造成本不断上升，这些都使得传统的钻井公司难以通过新建方式来增加钻井平台数量。根据巴克莱的统计数据显示，接近退役年限的大龄海上钻机、对更高质量钻井平台的需求和在后马康多时代对安全的关注，正在推进着新一轮的钻机建造活动，对于那些未能参与到其中的公司，仅有的另一种发展方式就是收购其他的钻井承包商，这一选择也被证明比购买新建钻井平台更有经济性 (West 等, 2011)。

当前一流的海上钻井承包商的钻井能力和钻机的地域分布范围各有不同；他们中的大多数在浅水、深水和超深水领域都很活跃，尽管也有个别钻井商没有进入超深水领域的钻井能力和相应设备。多数公司总部设立在美国,在全世界范围内设有办公室并开展钻井活动。几位受访者确认取得行业内市场领导者地位需要具备各种钻井能力、拥有满足各种技术规范的多样化的钻井平台队伍和世界范围内广泛的作业区域。BP公司墨西哥湾事故后钻井活动暂停的情况可以证明,仅在一个区域开展作业的公司(例如墨西哥湾)在这个区域发生问题时会更容易面临经营困难。例如在墨西哥湾事故后,海鹰钻井公司(Seahawk Drilling)因该地区所有业务延期而造成财务危机,最终导致破产。因此,赫拉克勒斯海上公司(Hercules Offshore)在2011年2月收购了海鹰钻井公司的钻机以建立更大的多样性平台队伍,更广泛的客户关系以及更大的经营灵活性(Reuters,2011)。表4.6展示了不同钻井公司的钻井能力和其业务的所在国家。

表4.6 钻井承包商运营能力

勘探&钻井评价服务地区	钻井承包商	陆上	浅水	深水	超深水
欧洲	Abbot Group	✓	✓		
	Ensco	✓	✓	✓	✓
	Fred Olsen		✓	✓	✓
	Maersk		✓	✓	✓
	Saipem	✓	✓	✓	
	Seadrill		✓	✓	✓
美国	Diamond Offshore		✓	✓	✓
	Helmerich Payne	✓		✓	✓
	Hercules Offshore		✓	✓	
	Nabors	✓	✓	✓	✓
	Noble Drilling		✓	✓	✓
	Precision Drilling	✓			
	Rowan		✓	✓	
	Transocean		✓	✓	✓
亚洲	China Oilfield Services	✓	✓	✓	✓

资料来源:根据Hermann等材料编绘(2010,78—79)。

据估计,全球前10大钻井公司拥有市场上钻井平台总数70%的份额,越洋钻探公司的这一份额为17%,前3名公司分别是越洋钻探公司、诺贝尔公司和恩

第 4 章　案例分析：国际石油公司和油服公司在行业内各领域中的关系

斯克公司，它们控制了市场总额的 35%。不同类型的钻井平台，其市场份额集中度也不相同。超深水钻井平台市场份额更集中，而自升式钻井平台则更分散。全球当前共有约 50 座深水平台，越洋钻探公司拥有其中将近一半（Krauss，2011）。深水钻井领域有着最高的利润率，整合程度也较高，因为深水领域需要的高难度技术只有少数公司可以提供。

（1）越洋钻探公司。越洋钻探公司是全球排名第一的海上钻井公司，也是美国墨西哥湾漏油事件中 3.65 亿美元深海钻井平台深水地平线的所有者和作业者（Wethe，2012）。当今的越洋钻探公司由几个钻井公司合并组成❶。越洋钻探 ASA 在 20 世纪 70 年代中期由一家转型开展半潜式钻井平台业务的挪威捕鲸公司创立，后来又同其他公司合并。越洋钻探 ASA 后更名为越洋钻探海上公司（Transocean Offshore Inc.），在北海开展了大量钻井作业并逐渐成为海上钻探的领导者。通过使用"发现进取号"❷这类能在水深 1000 英尺❸的环境下进行钻探、试井和完井的钻井船，越洋钻探海上公司开始进行大型海上钻井活动。在 1999 年，它和斯伦贝谢公司剥离的海上钻井公司塞德科·福瑞克斯（Sedco Forex）❹进行了对等合并（在一个双方平等的基础上合并），这创造出当时世界上最大的海洋钻井公司——越洋·塞德科·福瑞克斯。2000 年，该公司收购了 R&B Falcon❺，

---

❶ 公司的起源可以追溯到当西热石油 & 莱芬公司（Danciger Oil & Refining），该公司于 1919 年建立在美国，在 1926 年购买了它的第一台钻机。当今的公司结构属于 1953 年美国的离岸公司。管道公司南方天然气公司（SNG），是离岸公司组建的用以设计和建造世界首个自升式钻塔，并在 1953 年与当西热公司的钻井业务合并。一年以后，世界上首个海上自升式钻塔 Rig51 被离岸公司在美国墨西哥湾开发问世。随着油气勘探深入到更为遥远的海上，海洋公司转移到海外并在 1963 年收购了伦敦的国际钻井公司，开始了公司在北海的作业。1967 年公开上市之后，公司将业务拓展到亚洲，在那里钻了它的首口深水井。随着公司名称从 SNG 变化为索纳塔（Sonat），海洋公司以索纳塔海洋公司（SODI）而知名。索纳塔公司从投资者对于 1993 年油价上升的乐观情绪中得到好处并分拆了 SODI。1996 年，SODI 以 15 亿美元的价格收购了挪威的越洋 ASA 公司，创造了越洋海上公司并使公司的海上钻井平台数量翻了一倍。

❷ "发现进取号"是越洋公司首个具有双重活动度钻探技术的超深水钻探船；它能同时操作两种钻井作业并且能使超深水开发项目成本减少 40%。它有三个美国足球场地那么长（835 英尺）并能在钻台下面钻井多于 6.5 英里。

❸ 10000 英尺相当于 3048 米或 1.894 英里；12000 英尺相当于 3660 米或 2.27 英里。

❹ 塞德科福瑞克斯公司是由两家钻井公司合并形成的，东南钻井公司（塞德科）于 1974 年由 Bill Clements 创建并在 1984 年被斯伦贝谢公司收购，而法国钻井公司 Forages et Exploitations（福瑞克斯）创建于 1942 年。1964 年，斯伦贝谢公司购买了福瑞克斯 50% 的股权并以此 50% 的股权与 Languedocienne 公司合并创立了尼普顿钻井公司。福瑞克斯剩余的 50% 股权在下一年也被收购，尼普顿公司更名为尼普顿钻井公司。

❺ 钻井公司 Reading & Beates 试图在越洋 ASA 并购案中支持索纳塔海洋公司。在它失败之后，Reading & Beates 与福尔肯钻井在 1997 年合并，然后在 1998 年收购了克里夫钻井。由于其高负债状况，其管理层决定此时是与越洋塞德科福瑞克斯合并的时机。越洋公司以高于 90 亿美元全股份交易收购了 R & B 福尔肯公司，这桩交易也包括了估计中 30 亿美元的负债。

这使得它成为继斯伦贝谢公司和哈里伯顿公司之后世界第三大油服公司，估值约为140亿美元，2003年公司简化更名为越洋钻探公司。在2007年越洋钻探公司作为全球第一大钻井公司和仅次于其竞争者，圣达菲环球公司❶达成了对等合并交易，合并后的公司拥有遍布全球的146座钻井平台，包括可在严峻环境下作业的自升式钻井平台和超深水钻井平台。包含负债在内的公司估值达到530亿美元（NBC News，2007）。这起交易在钻机市场需求从空前高涨的情况下，组合了全球市场上最大的两家钻井服务商❷（NY News，2007）。新公司规模是它最大竞争对手诺贝尔公司的3倍，持有330亿美元的待完成订单（Strahan，2007）。越洋钻探公司近期仍在继续通过收购其他公司增加其钻井平台数量，2011年收购了挪威超深水钻井公司阿克尔钻井（Aker Drilling），在超深水钻井领域日渐紧俏的情况下获得4台超深水平台，升级了自身的船队规模。交易中这4台超深水钻井平台平均估值7.97亿美元，估值基础对照投行Terra Market分析员给出的8.07亿美钻机重置成本（Wethe和Stigset，2011）。

越洋钻探公司已经在海上钻井承包商合并浪潮中取得领先地位中。2010年，许多公司进行了合并，但是没有一家公司可以在规模、尤其在深水和环境艰苦的海上钻井领域中与越洋钻探公司抗衡，在这一领域越洋钻探公司以27座超深水和16座深水浮式钻井平台的规模处于领先地位。尽管越洋钻探公司的钻机队伍包含湿地驳船、浅水自升式钻井平台、中等水深浮式钻井平台等多种类型，在深水和艰苦环境钻井领域尤其活跃，能提供半潜式钻井平台和钻井记录深达10000英尺的大型钻探船。越洋钻探公司的技术水平也在这一领域保持领先地位，从1954年建造第一座自升式钻井平台到开发出第一艘使用自有专利双钻机钻井系统的超深水钻井船，以及第一艘钻井能力达到10000英尺的钻井船，其技术成就在不断进步。在最深水域钻井方面，它保持着约80%的世界之最记录，包括使用超深水钻探船在印度海上10194英尺（3107米）深水域进行钻井，以及使用半潜式钻井平台深水地平线为BP公司在美国墨西哥湾钻探35050英尺（10683米）的最深油井。该公司的移动式钻井平台作业范围覆盖了全世界所有主要的海上市场，包括墨西哥湾、北海、地中海、加拿大东部沿海、巴西、非洲西部和南部、中东、亚洲以及印度。公司在全球钻井市场占有最高份额，并持有近50%的超深水钻井市场份额。越洋钻探钻公司钻井平台的平均日费从2007年的21.19万美元增长到

---

❶圣达菲环球公司是海洋环球公司和圣达菲国际公司在2001年11月合并的产物。2007年6月18日进行公司评估时，公司的钻井平台机组由43座臂悬自升式钻井平台、11座半潜式钻井平台和3艘钻井船组成，另外还有两座基于合资公司协议为第三方运营的半潜式平台。

❷2007年，商品价格上涨鼓励能源公司提升勘探运营并造成钻井平台短缺。这引起越洋公司等基于多年合同供应钻井平台的公司一个良性的商业储备。

2009 年第三季度的 28.38 万美元（Funding Universe，2012；Trans ocean，2011，2012）。

（2）诺贝尔公司。诺贝尔公司成立于 1921 年，从仅有一座钻井平台发展成为全球第二大海上钻井承包商。诺贝尔钻井公司（Noble Drilling Company）曾是诺贝尔集团公司的一部分，1985 年从集团中剥离拆分。自被剥离后，诺贝尔钻井公司通过成功进行海上钻井资产和非资本密集型业务收购发展壮大，其发展目标为在海外市场建立强有力地位、拓展海上钻井业务并进入钻探行业中的新兴市场和领域。纵观诺贝尔历史，公司通过购买钻井平台、收购钻井公司❶、出售部分陆上钻井资产业务❷并成立合资公司❸达到了现有规模。公司最近的一起交易是 2010 年以 21.6 亿美元收购了挪威 Frontier 钻井公司，从而新增 7 座钻井平台到它的钻机队伍中。交易发生时，挪威注册、总部位于美国休斯顿的 Frontier 钻井公司拥有 5 座在建平台，以及 2 艘与壳牌公司合资为在北极海域作业而设计建成的超深水钻探船❹（Daily，2010）。当前，诺贝尔公司拥有 79 座海上钻井平台（包括 5 座超深水钻井平台和 6 座自升式钻井平台），在全世界主要的盆地提供海上钻井服务（Noble，2011，2012）。

（3）恩斯克公司。恩斯克公司是一家相对较新的公司，其前身是成立于 1975 年的美国布洛克能源公司（Blocker Energy Corporation），于 1987 年成为能源服务公司（恩斯克公司），通过收购彭洛德钻井公司（Penrod Drilling）（1993）和迪阿尔钻井公司（Dual Drilling）（1996）不断发展壮大。在公司的初始 10 年（1987—1996）中，恩斯克公司购买和翻新设备，并且将其业务范围由钻井服务拓展到设备供应、工程设计和海上运输等各个相关领域。1997—2008 年的接下来 10 年中，恩斯克公司改变经营策略，决定构建优质的钻井平台队伍并聚焦海上钻井领域。它出售了海事船舶、平台钻机和大部分的驳船式钻井平台，专注发展自升式钻井平台队伍，并于 2000 年，在其第一座半潜式钻井平台交付使用后进入了超深水市场。2002 年，公司收购了奇利斯海上钻井公司（Chiles Offshore），后者拥有 4 座高规格的自升式钻井平台。2003 年，恩斯克公司剥离了海上运输船队从而

---

❶ 1988 年诺贝尔公司从坦普勒海洋钻井和 RC 查普曼钻井获取了 6 个海上平台机组和 20 个陆上平台机组。诺贝尔公司也收购了波特尔钻井公司。在 1991 年，诺贝尔公司从 Transworld 钻井公司得到了 5 座自升式钻井平台和 7 座全潜式平台。1993 年，诺贝尔公司从北美西方公司的西方海洋舰队中获取了 9 座自升式钻井平台，以及 Portal 钻井公司的两个全潜式平台。

❷ 1996 年，诺贝尔公司售出了陆上钻井资产和 4 座驻扎驳船式钻井平台以及在 1997 年出售了 12 座沉垫支承式自升平台。

❸ 2000 年，诺贝尔公司与莱姆罗克合作伙伴形成了联合公司收购了一座北海恶劣环境的命名为 Noble Julia Robertson 的自升式平台，并更进一步与卡罗斯科组成公司拥有并运营 Panon 自升式平台。

❹ 它的 6 艘钻井船和 8 座超深水半潜式钻探船平均年龄少于 3 年。

完全退出了海上运输领域。迄今，恩斯克公司继续坚持这一战略，专注超深水和高溢价的自升式钻井平台市场。2009年，恩斯克公司将总部迁至英国，并于2011年5月以73亿美元收购了普莱德国际（Pride International），成为世界上第二大海上钻井公司。合并后的公司拥有74座钻井平台，其中包括21座超深水钻井和深水钻井平台，形成了第二大且是最年轻的可以钻至4500米或者更大深度的钻井平台队伍。收购使恩斯克公司得以进入快速发展的巴西和西非深水市场，并增加了公司资产的多样化，平台类型从主要为自升式钻井平台扩展到钻探船和半潜式钻井平台。根据合并后发布的新闻公告，合并后的公司估值为160亿美元（至2011年2月4日），未完成订单总营业收入约100亿美元（Ensco, 2011b）。如今恩斯克公司为三个客户自有的深水钻井平台提供钻井管理，并且拥有76座钻井平台，包括卫星动态定位的钻探船和半潜式钻井平台，锚定的半潜式钻井平台和自升式钻井平台。恩斯克公司自有并运营世界上最年轻的超深水钻井平台队伍以及最大的现役优质钻井平台队伍，其业务遍及6大洲绝大多数的战略性海上盆地（Ensco, 2011a, 2012）。

4.1.2 与国际石油公司的关系

几乎所有的国际石油公司都将海上钻井活动外包给钻井承包商。这主要是由于购买自有钻井平台成本高昂以及钻井活动的间歇性特点。关于建造成本，钻井平台价格变化范围很大。据报道，处于BP公司墨西哥湾事故中心的钻井平台深水地平线于2001年建造，成本为35亿美元（National Commission, 2001）。不过，这个报出的数额貌似低于多数钻井平台的建造成本范围，通常情况下自升式钻井平台建造成本为17.5亿～22.5亿美元，而海上浮式钻井平台的建造成本为50亿～70亿美元（Kaiser和Snyder, 2012）。钻井承包商订购新的钻井平台或是因预测钻井市场即将迎来活跃时期，或是为即将向客户提供服务而作准备（Drilling Contractor, 2002）。因国际石油公司每年的钻井计划变化很大，取决于油价和地震研究结果等诸多因素，所以国际石油公司长期连续持有钻井平台是不合适的。同时，为了满足不同的钻井需要，国际石油公司需要使用不同类型的钻井平台，而组建一个钻井平台队伍需要巨额投资，这与国际石油公司钻井活动的间歇性也不匹配。受访者提到，尽管过去一些国际石油公司曾拥有自己的钻井平台，现在绝大多数这些平台已经被卖给了油服公司。

钻井承包商和国际石油公司的关系建立在雇佣合同的基础上。国际石油公司租用配有钻井工作人员、设备和必需物资的海上钻井平台去钻探部署的油井。海上钻井平台可以自给自足，全体员工生活在平台上，通常采用轮休工作模式（几周上平台，几周休息）。钻井平台的设计强调在平台上生活和工作的高效性，并且

第4章 案例分析：国际石油公司和油服公司在行业内各领域中的关系

尤其重视平台可以在海湾或海洋水域中保持稳定性。

根据受访者描述，平台上的任务分工是非常清晰的。所有钻井相关的决定都由国际石油公司做出，而有关平台的决定（如工作环境、供应船的组织）由钻井承包商做出。国际石油公司派驻自己的员工在钻井平台上监督钻井作业。钻井监督决定与"井"相关的所有事项。钻井作业的日常管理属于国际石油公司职责范畴，他们会给钻井承包商下达日常工作指令。

任务分配也体现在责任分担中。清晰地分担平台上的责任是非常必要的，主要出于两个原因。首先，钻井平台作业存在很大危险性，因为钻井可能会产出大量的气态和液态的碳氢化合物，易燃、易爆，风险极高。最近的 BP 公司在勘探钻井期间的事故就很清晰地展示了钻井可能会发生何种问题。其次，钻井工作需要许多承包商和分包商参与。如果对各方角色、工作内容和责任范围没有清晰的界定，各家公司无法对在危险环境中有高度技术风险的项目进行大额投资。由于钻井作业的高风险特点，大多数钻井平台租用合同和油井服务合同都包含规定责任分配的特别条款。多数钻井合同中责任分担部分使用"相互免责"机制，在此机制下，"合同双方同意，承担自己一方的人员伤害和财产损失以及后续的'间接损失'（一般指事故停工造成的利润和其他相关经济损失），并就由对方承担的己方损失作出补偿。"通常规定这种交叉赔偿即使在合同方由于过失、违反法定责任或违反合同条款而造成损失的情况下，也仍然有效（Hewitt，2008，6）。

更明确地说，在一份包含"相互免责"赔偿机制条款的钻井合同中，国际石油公司和钻井承包商同意，凡是向对方提起的造成自家员工人身伤害或导致自家财产损失的诉讼，最终各自进行赔偿，不管这种损失是由谁的错误或疏忽造成的。因此，如果钻井平台本身有任何问题，平台所有者钻井承包商需要承担负责，承包商有义务保护国际石油公司及其员工免于赔偿，并应为一切判定为平台责任引发的损失进行辩护和支付赔款。承包商会承担发生井喷事件时的钻机残骸移除和新钻机的建造责任。因此，在井喷事故后，承包商也将有义务清理残骸并承担新平台的重建费用。

与此同理，油井和储量是作业者的责任范畴。即使钻井承包商存在重大过失，国际石油公司还是有责任保护钻井公司免于承担国际石油公司员工的人身伤害和财产损失赔偿。因此对于一份典型的钻井合同，取决于合同起草方式和合同双方在商务谈判中地位的影响，一般规定储层内的污染物泄漏、井下工具或设备的损坏与丢失，井喷、火灾、爆炸或其他油井失控的状态，对油藏或地层的破坏等造成的损失将由国际石油公司承担责任。如此，合同双方分别为各自财产投保，不管是哪一方的错误或疏漏造成的双方损失都由各自来承担。一些合同将重大疏漏过失和蓄意不当行为排除在赔偿条款之外。但是业内通行操作只将蓄意不当行

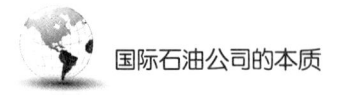

为列为除外情况，重大疏漏过失时"相互免责"条款依然适用。总之，海上石油行业已经发展出一套责任分担模式来处理作业的巨大风险、资本投入和人员安全（Hewitt，2008）。

清晰的责任分担并不是国际石油公司和钻井承包商之间关系的唯一组成部分，海上钻井的风险不仅仅局限于发生事故。行业专家认为在世界上所有的行业中，石油钻井是风险最高、最昂贵的行业之一。尽管先进的地震技术可以减少风险，打出干井、损失大量投资的情况仍不可避免。钻井成本对国际石油公司非常重要，超深水钻井平台的日费不断波动，不过平台日租金一般可达到50万美元。如果考虑直升机、平台供应船和其他相关服务，每天的运营成本约为100万美元（Rigzone，2012d）。

Mukluk Island 举例说明了行业风险和潜在损失。据报道在1982—1983年间，12家公司在阿拉斯加北部的波弗特海域进行一项钻井作业共花费了近20亿美元，这口井最终是一口干井，从而赢得了"行业史上最昂贵的干井"这一丑名（Udall和 Andrew，2008）。除了未获得油气发现，钻井计划还可能因设备或天气原因而延期。例如，由于浮冰撞击设备和极端天气原因引发的问题，壳牌公司在（北极）楚科奇海的钻井作业经历了一系列反复和延误（Reuters，2012）。在这种施工延误或是由事故引起的项目中止情况下，若合同中已经有所预计并进行了相关规定，合同双方可以依据合同条款执行，也可以重新协商。例如BP事件之后，诺贝尔公司称他们已经及时处理了签约给壳牌公司，即将到墨西哥湾作业的平台的相关问题，允许这家石油巨头支付适当折扣日费作为补偿以延缓执行合同。诺贝尔公司称一旦钻井作业重新开始，钻机合同将会按照原定的条件和日费标准继续执行。据 Argus Research 的分析师 Phil Weiss 称，诺贝尔公司还协商为其正在墨西哥湾作业的 Noble Jim Thompson 钻井平台以33.62万美元的日费价格获得了三年的延长服务期，这一日费率比漏油事件以前墨西哥湾作业平台普遍收取的40万～50万美元日费显著减少（Daily，2010）。

关于谈判能力，一些受访者认为钻井市场的大规模合并削弱了国际石油公司的谈判地位。不过在越洋钻探·赛德科·弗瑞克斯公司收购RB福尔肯公司之后，环球海洋首席执行官 Bob Rose 反驳称，由于其巨大的规模，国际石油公司在合同谈判时总是占据优势的。他谈到：

"如果一家钻井承包商试图通过谈判将作业者逼入死角，这个作业者可以轻易地支持另一家承包商，签订一份服务合同，从而使这家承包商可以建造新平台来为签约作业者的钻井项目提供服务。如果你是一家2000亿美元的勘探生产公司，一个150亿美元的钻井承包商根本就不构成威胁。例如，曾经钻石公司、Global

第4章 案例分析：国际石油公司和油服公司在行业内各领域中的关系

公司和越洋钻探公司试图联合将深水钻井这一新兴业务的费率维持在一个较高水平，埃克森公司随即转向海洋钻井公司，与之签订服务合同，使其可以建造自己的第一台深水钻机。只要愿意，所有这些石油公司随时都有能力将一家服务商推上行业领导者位置。"

(Bob Rose 引自 Offshore，2000)

另一方面，其他行业专家则断言钻井市场的合并已经减少了国际石油公司的谈判议价能力，这一点已经随着超深水平台日费的大幅攀升得到证实。为了规避不断上涨的高额平台日费，以及超深水市场上平台短缺的局面，国际石油公司试图与油服公司签署更长期的服务协议，即在合同中规定允许选择延长合同期；这方面需要特别一提的是挪威国家石油公司，它签署了初始合同期4～5年的多座大型平台的租赁合同，并在合同中约定了最长5年的延期选择权（Offshore，2007）。

另一个可以显示双方深度合作关系的指标是钻井承包商在长期规划中对国际石油公司需求的考虑。油服公司订购新建平台通常因为预期某家石油公司会租用这些平台，或者这些平台建成后将会有广泛的市场需求。例如越洋钻探公司官网称，作为国际石油公司套期保值策略的一部分，埃克森美国公司和雪佛龙公司分别签订了5年后租用的新一代钻井船的钻机服务合同。最终，采用了最新军舰规格、海事工程和浮式钻井技术设计的 Glomar Pacific 平台和 Glomar Atlantic 平台，分别于1977年中和1978年交付给这两家公司。在一个最近的例子中，诺贝尔公司在2006年公布了一封来自 Venture Production 的授标函，将要在中国建造新型加强版 F&G JU-2000E 高级自升式钻井平台。Venture Production 在授标函中告知将要在北海使用此钻井平台。诺贝尔公司还收到了壳牌勘探生产公司的承诺，将租用升级后的 Noble Clyde Boudreux 平台。

大多数情况下，新钻井平台的设计规格要符合国际石油公司的需求。如恩斯克公司称其 ENSCO 8500 系列超深水半潜式钻井平台，能够在深达8500英尺深水域作业。该平台使用专利设计，考虑到大量的用户反馈并对相关问题加以解决，从而能满足世界上几乎所有深水油田的钻井需求。这些平台创造了优异的工作记录，并不断吸引客户再次合作（Ensco, 2011a）。

平台能够满足钻井需求这一点非常重要，因为钻井设计、井位选择和钻井方式都是由国际石油公司决定的。形成最优化的钻井设计和钻井计划是一个长期且复杂的过程，需要大量不同专业、关注侧重点不同的人员参与。在钻井作业中，应该给予和提供给各专业和方向的操作管理近似于钻井活动本身要求的关注和精准程度。低质量的钻井计划会大幅增加成本，而且很难找到问题根源。石油公

挑选合适的作业地点和合适的钻井平台,因为每一个钻井平台、每一口钻井都有它自己的特征,平台必须能够与钻井需求相匹配(Diamond Offshore,2012)。

4.2 物探服务

"勘探始于物探。"

油藏位于地表下方,因此它们的存在和规模大小无法通过视觉观察来判断估计。地表下方的地层中是否存在石油只能通过钻井判断。钻井为石油公司提供了油藏是否存在以及其特征的关键信息。钻井之前需要解答的核心问题是在哪里钻井。这就需要事先进行勘探。因为钻井成本高昂,石油公司需要在含油气可能性较高的区域钻井。因此,通过进行地球物理勘探(简称物探)来找到储层存在可能性较高的区域是非常关键的。地震勘探提供了地表下岩层的图像,可以帮助石油公司"看到"地下情况并确定油气储层的位置,它的主要目的是生成尽可能精确的地表下方特定部分地质结构的图像(CGG Vertias,2012c)。地震作业主要通过使用声波来创建地下岩层的图像以实现其功能。

这一原理与海豚的声呐和医学扫描相似:声波(地震波)在向地下传播时,它被地层间的岩层分界面反射回来,随后被地面上的检波器记录下来。假如地震波传播速度是已知的,通过地震波从地表传播到岩层分界面到最终返回所用时间可以推断地层深度。数据叠加可以推断整个地表下岩层的地质结构。

(Total,2012,58)

"砰"的一声巨响产生的地震波向地球内部传播,部分被岩层分界面反射回地表。所有的反射波被地表的检波器(地震检波器或水下地震检波器)记录下来,之后信息会被数据化并存储于磁带中(Hermann 等,2010)。测量装置测量每个反射波强度以及地震波在地壳的不同地层传播并返回检波点位置的时间(OGP 和 IAGC,2011)。

物探包括地震数据采集、处理和解释。海上和陆上❶的地震数据采集包括可

---

❶ 在陆地上,"砰"的一声是来自炸药或者专业的可控震源车。震源会被移动到不同位置并且来自每一个地震检波器的所有数据都会在响声之后被记录下来。在海上,海洋地震船使用结合了空气枪、水枪和其他发生源的仪器来造成震动,水听器会记录由此得来的数据和地震信息。这个过程本质上和在陆上是相似的,只是在海上仪器会不断移动。地震船后面会拖拽一批空气枪,刚好位于水面之下。地震船沿着已定的勘探路线移动,空气枪随之每隔一定时间发射。下方海底的能量反射被众多的水听器检测到,平衡浮力的"拖缆"也被拖拽在地震船后。

第 4 章　案例分析：国际石油公司和油服公司在行业内各领域中的关系

控地震波能量（输出脉冲"砰"）向地球内部的传播和地表下岩石中能量从岩层分界面反射的记录。"反射的地震响应是输出脉冲、脉冲对地球的响应以及背景噪声的混合，所有都混杂在一起"（CGG Vertias，2012c）。处理采集的数据是指去除输出脉冲和背景噪声以形成地表下岩石结构尽可能最佳的图像。数据处理包括预处理去噪、速度分析和建模、偏移、地震振幅和相位保真。处理后的地震数据可以被人们所理解。为了生成二维或三维图像，成千上万的数据通过使用不同的算法和连续排列的方式进行数学处理。测量的地震时间通过数据处理被转换为地震图像，这需要强大的计算机功能："例如，仅 CGG Vertias 记录的一次中等规模的海相三维勘探地震数据就会装满超过 2 万个磁盘，堆积起来超过 650 英尺高"（CGG Vertias，2012c）。

　　数据处理之后，就会对处理过的数据以及其他的地理信息进行解释以评估油气储层存在的可能性并确定钻井位置。地球物理学家和地质学家对处理数据结果值进行解释。专家们对地质资料的解释可能会大相径庭，正确的解释是回避干井的关键步骤。

　　总之，地震数据在现场采集，由极其先进的计算机进行处理并由地球物理学家进行解释。物探工作和技术的最终成果是地表下岩层地质结构的三维❶图像表现（Hermann 等，2010；Hill，2011）。根据这些信息，勘探公司会决定是否打井以及在哪里打井寻找油气。因为精确的地震图像意味着成功取得发现和一口昂贵的干井之间的差别，物探对钻井成功来说至关重要（CGG Vertias，2012c）。

　　物探服务由物探公司提供。这个行业采集和解释地球物理数据并为之绘图。物探公司提供服务和设备，包括地震数据采集、数据处理和解释、数据管理、软件方案、地球物理和地质服务以及诸如地震检波器和水下地震检波器之类的地震设备。这类公司或专注于某一方面，或提供范围全面的物探服务。

　　大量的物探公司主要在以下 4 个方面提供服务：

（1）为特定客户提供陆相或海相地震数据采集；

（2）为多用户提供数据采集，物探公司保留数据库并允许若干客户以非独占原则使用数据；

---

❶地震勘探有两种基本类型。在二维（2D）地震勘探中，按单线采集记录数据，即按照地层的单层进行解释。三维（3D）地震勘探会获取到多重平行线的数据，一个立方体的技术数据将会被创建。也存在 4D，主要是在 3D 中添加时间轴，包括几次运用相同的地震勘探——但是并没有广泛应用。概括地说，2D 地震展示了地层单层，3D 展示了地层的立体图像，而 4D 则是显示了不同时间的 3D 图像。3D 地震是现今油气勘探中数据采集的主要应用技术。能量定位源（MAZ）和广域检波器是先进的地震采集技术，包括发射多于一个的能量源定位（MAZ），或者在每个发射点应用广域接收器（WAZ）。它们在诸如盐下储层地区的复杂结构中特别有效。

(3) 地球物理数据处理、成像和解释；
(4) 数据管理和油藏研究。

少数公司，例如法国地球物理公司（CGG Vertias）和伊昂地球物理公司（ION Geophysical）也提供物探设备和系统。

大多数物探公司既为单一客户也为多客户提供物探服务。单客户工作，被称为"合同勘探"或"专利勘探"，商定为总包服务或者按期计费。总包服务合同约以总包价收费，或者是按每平方千米采集的数据收取固定费用。按期服务合同规定报酬基于单位时间的约定费率，一般以天数为时间单位。在合同勘探中，客户决定勘探范围和勘探程度，获得所有采集数据并保留资料所有权。小规模物探作业持续时间为 1～2 个月，大型物探作业可达 2～3 年（特殊情况可达 5 年），一般的物探作业平均耗时 6 个月。对于大面积勘探，数据采集要超过一年，在下一年进行处理。对多客户勘探，物探公司进行物探工作投资，保留资料所有权并将资料以非独占原则卖给多个客户。虽然多客户勘探对使用闲置生产力特别有益，但合同勘探可以给物探公司带来更高的收益。法国地球物理公司在 2011 年的合并营业收入中，海洋物探采集合同占比 31%，多客户海洋物探采集占 11%。PGS 公司，海洋物探领域的领导者，2011 年单客户合同贡献了 50% 的营业收入，而多客户数据库和数据处理分别带来 40% 和 10% 的收入（Reinhardsen，2012）。尽管大多数公司实施单客户和多客户并行原则，仍有一些公司（如 TGS[1]）仅聚焦于全球多客户项目并仅为多客户提供地球物理数据（TGS，2011）。UK-Norwegian Spectrum 公司决定采用相同模式，仅以短期租用多客户项目为经营目标，并且买下了法国地球物理公司持有的二维数据来建立它的数据库（McBarnet，2012）。

合同勘探成本取决于几个因素，包括但不限于区块的规模和特征、所需技术、工期和人工成本。海洋物探每天可能支出 20 万美元以上（API，2011）。一个三维地震勘探可能覆盖数平方英里的土地，每平方英里土地要支出 4 万～10 万美元成本甚至更多（McFarland，2009）。有时大多数合同是保密的，一位受访者推断一个小型物探活动支出为 300 万～700 万美元，而大型海洋物探要花费 1000 万～2000 万美元。一小部分公告证实了近似的数据。伊昂地球物理公司在其 2010 年的报告中给出了 500 万～5000 万欧元之间的支出范围。Hyperdynamics 公司与 PGS 公司签订了一个三维物探合同，后者负责处理其在几内亚共和国的海洋区块（3675 平方公里）进行三维地震采集的数据。物探数据处理预计费

---

[1] TGS 本身没有地震船（没有长期合约的地震船）以及短期租赁的地震船。2011 年它产生了 17 亿美元的净利润。

第4章 案例分析：国际石油公司和油服公司在行业内各领域中的关系

用大约250万美元，由此计算数据采集和处理工作的总费用预计2500万美元（Hyperdynamics，2010）。

物探费用也取决于物探服务市场上整体的供需平衡。需求是油价水平的反映，根据法国地球物理公司（2011）的年报，海上地震物探市场在1999—2004年间经历了超额供给并面临油价下跌的压力。在1999年的衰退之后，主要的承包商，最著名的西方奇科公司，减少了其地震船队规模（McBarnet，2012）。然而，由于这个行业高昂的固定成本，作业者并不会完全减少超额供给，而会转向多客户研究（CGG Veritas，2011）。2004年油价有了快速而重大的回升并且一直持续到2008年经济危机之前。2006年，油价飞涨，迅速出现了多家海洋地球物理投机服务商，尤其在许多海洋物探公司的基地挪威，其中比较著名的包括多波地球物理公司（Multiwave Geophysical）、波场伊塞斯公司（Warefield Inseis）、箭牌物探公司（Arrow Seismic）和东方埃科公司（Eastern Eco）。这些新成立的公司在地震船只短缺时拥有订购造船能力的优势，但是后来所有公司都不复存在，因为它们被主要通过收购而非新建地震船的地球物理公司收购来拓展和更新船队。法国地球物理公司通过收购多波地球物理公司（2006）和波场伊塞斯公司（2009）来拓展和复兴它的船队，而箭牌物探公司被PGS公司收购，东方埃科公司被斯伦贝谢公司在2007年收购。2008年和2009年油价的下跌减少了物探服务的需求，连同全球海洋地震船只的增长，都产生了对服务价格的下行压力。这对物探公司造成了伤害，例如扫描地球物理 & 贝尔根油田服务公司（BOS）在2009年宣告破产。BOS的经历似乎可以展示仅拥小型船队想要在全球市场中长期竞争海洋物探业务内在的困难性：若要航行到远距离地点开展物探服务，仅动迁成本一项就会令它们的地震船不具竞争性，并且也不具备大型的物探服务商享有的在人员和设备上的规模经济效益。这些破产并没有打消新公司的涌入，博拉卡斯公司（Polarcus）和多尔芬地球物理公司（Dolphin Geophysical）（两家挪威公司）分别在2008年和2010年进入市场（McBarnet，2011）。尽管市场有所发展，2011年海洋物探市场仍然处于过度供给的局面（CGG Veritas，2011）。

图4.2所示为物探支出与全球勘探开发支出对比。

4.2.1 市场结构和主要参与者

据不同的数据估算，2010年全球物探市场价值为90亿～170亿美元，2011年大约为100亿美元（Deloitte，2010；ION，2010；Visiongain，2011）。根据Deloitte估计，90亿美元的全球物探市场被划分为地震现场工作、数据处理（83%）以及设备制造（17%）（Deloitte，2010）。另一方面，伊昂地球物理公司估算的市场价值为150亿～170亿美元，具体可以分为采集服务（70%）、地震设备

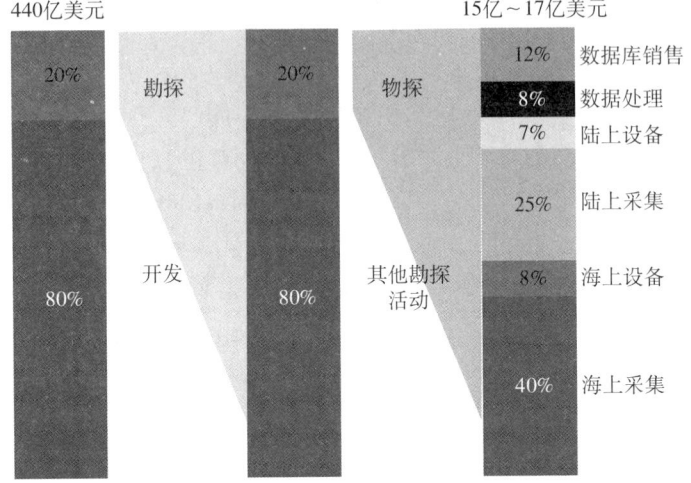

图 4.2 物探支出与全球勘探开发支出对比

资料来源：根据 Friedemann 信息绘制（2010，6）

（10%～15%）以及数据处理和数据库（20%）（Friedemann，2010）。

物探作业和数据处理工作都可以在陆上或海上开展。物探公司可以开展陆上地震作业、海上地震作业或者两者都有涉及。例如，Petroleum Geo-Services（PGS）就是一家纯海上物探公司，而 IG 物探服务公司仅提供陆上物探服务。像法国地球物理公司和 WesternGeco 这种大型公司的陆上和海上业务都很活跃。

物探公司的总数很难估计，因为在这一行业小型公司数量众多（Moore，2006）。根据法国地球物理公司的观点，陆上物探市场资金和技术方面的进入壁垒非常低，该公司强调了用量化的方式讨论陆上数据采集全球竞争程度的困难性，因为物探人员配置经常变动以及市场渠道数量非常多（Veritas，2005）。2011 年法国地球物理公司通过描述陆上物探市场的碎片化特点和低端市场激烈的价格竞争，重申了同样的市场状况。根据法国地球物理公司 2011 年报，大量从前的国有物探公司（如中国的 BGP）2011 年进入国际市场竞争进一步促使价格下行。在陆上物探服务这个拥挤的市场中，主要的服务供应商是法国地球物理公司、西方奇科公司、全球地球物理服务公司、BGP 和 Geokinetics（CGG Veritas，2011）。它们既涉足低端市场，也参与了更复杂的陆上地震采集，如沙漠和北极地区项目的高端市场。

尽管陆上物探市场很难估算，经营海洋物探业务的公司数目倒是很容易统计，因为地震船的数量是已知的。2011 年海上地震船数量为 163 艘，包括已交付但是

第4章 案例分析：国际石油公司和油服公司在行业内各领域中的关系

还未投入使用的新建❶船只（Kliewer，2011）。2010年末，三维地震船的数量是61艘，这些船是带有6个甚至更多水纹器❷的高容量船只。海洋物探行业有4个主要的参与者：西方奇科、PGS、辉固公司（Fugro）和法国地球物理公司。PGS是专营海洋业务的地球物理公司，而法国地球物理公司是一个纯粹的地球物理公司。

除陆上和海上物探公司之外，还有专门研究制造地震信号源（爆破和可控震源）、传感器的栅极和记录系统的物探设备公司。传统上，海洋物探设备占有物探设备市场55%的大份额，陆上设备约占45%。Sercel公司（法国地球物理公司的分支）和伊昂地球物理公司拥有全球物探设备市场最大的份额。它们的市场份额合计约为80%（Deloitte，2010）。

根据2006年出版的全球石油物探报告显示，按照股票市值计算，西方奇科公司是最大的物探公司，CGG Veritas❸和PGS等几家规模相当的公司紧随其后。报告指出这些公司的收入约占到整个行业的45%，接近50亿美元。在这些大型承包商之外，市场中80%的公司为小型公司，在收入上它们占有55%的行业份额。表4.7显示了2014年的收入数据，在约150亿美元的市场总量中，4家主要公司的收入占其中的83亿美元。剩余市场属于一些小型公司，在勘探地点较远时，由于动迁成本很高，这些公司与四大公司相比并不具有竞争力。此外，小型公司在提供溢价很高的细分专业技术方面也处于劣势。三家大型公司，西方奇科、法国地球物理公司和PGS，分别掌握着Q-Marine单点接收系统、BroadSeis和GeoStreamer，这些技术可以改善复杂地质环境中的成像质量，例如在巴西海相盐下地层或正进行勘探的类似结构的西非海相等有利地震区。几家大公司保持着达到总收入5%的高水平的研发支出，使得自身能发展和拥有新型技术。如今，按收入计算，法国地球物理公司是最大的物探公司，2010年收入为29亿美元，西方奇科公司当年收入19.9亿美元名列其后。

表4.7　主要的海洋物探公司

公司名称	发源国家	地震船数量（二维&三维）（艘）	收益(2014)(亿美元)
法国地球物理公司	法国	13	30.9

---

❶相应地，新的地震船展现了建造目的的趋势，许多船只有详细规格要求并且为特殊勘探类型配备，例如4D和海底节点应用。

❷地震拖缆是"从地震船拖出来的缆绳，拖着一列水听器根据水底爆炸的地震信号沿着海底行进（Glossary of Petroleum Industry）"。

❸在CGG—Veritas合并之前。

续表

公司名称	发源国家	地震船数量（二维 & 三维）（艘）	收益(2014)(亿美元)
PGS	挪威	12	14.5
辉固公司①	荷兰	12	15.6
西方奇科公司（斯伦贝谢公司）②	法国/美国	N/A	N/A

①辉固公司报道所有活动年收入25.7亿欧元。油气田活动创造了80%的年收入。表4.7中按照0.76(2014年均)的汇率，25.7亿欧元的80%已经被转换成美元（Fugro, 2014）。

②斯伦贝谢公司没有单独报道西方奇科公司的收入或地震船数量。

资料来源：根据每家公司年报及 Offshore (2011b, 2013) 编制。

法国地球物理公司：CGG公司于1931年创建于法国，Veritas公司1974年在加拿大成立。CGG和Veritas于2005年合并，形成了最大的独立地球物理公司。CGG Veritas是全球领先的国际化专业地球物理公司，为全球油气行业客户提供广泛的物探服务并通过其设备工厂Sercel提供各种物探设备。法国地球物理公司的物探服务包括陆上和海上地震数据采集、数据处理、成像及储层管理。Sercel是全世界顶级的海上和陆上设备制造商，产出设备包括高科技的综合电子记录系统，电缆，陆上、水底、井下传感器、水纹器，海上地震源和振荡器。公司的处理和成像服务在开放的数据处理中心或者在其15个专用客户中心进行管理。Hampson-Rusell，下属的储层软件服务公司，在全球有超过500个油气公司使用。继2007年（2.5亿欧元）和2008年（3.4亿欧元）连续盈利之后，2009年（2.59亿欧元）、2010年（0.44亿欧元）、2011年（0.09亿欧元）连续三年出现亏损（CGG Veritas, 2011）。图4.3所示为主要的海洋物探公司情况。

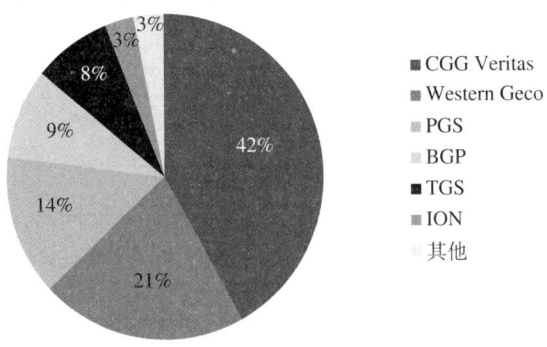

图4.3 主要的海洋物探公司

资料来源：根据 Friedemann (2010, 7) 信息绘制

第4章 案例分析：国际石油公司和油服公司在行业内各领域中的关系

PGS：Petroleum Geo-Services ASA 于1991年创立于挪威。在2009年出售其陆上地震数据采集业务和陆上多客户数据库业务给美国的 Geokinetics 公司之后，PGS 成为专注海洋物探的公司。PGS 在多客户和单一客户合同（海洋合同）之间分配地震勘探船。在市场疲软时，公司资源和作业能力会较多分配给稳定的多客户项目；而市场繁荣时，PGS 则会执行更多的海洋合同使利益最大化。PGS 和它的专利 Geosteamer 双传感转化器技术在高密度区域尤为活跃。PGS 每年在研发方面支出超过6000万美元。公司在2010年遭受了1400万美元的亏损，但在随后的2011年实现盈利3300万美元（PGS，2011）。

表4.8 主要物探公司提供的服务

公司	数据库销售	数据处理	陆上设备	陆上地震数据采集服务	海上设备	海上地震数据采集服务
CGG Veritas	✓	✓	✓	✓	✓	✓
Western Geco	✓	✓	Q-Land 专利	✓	Q-Marine 专利，Q-Seabed	✓
PGS	✓	✓	N/A	Divested Feb-2010 (Geo-Kinetica)	专利	✓
BGP	N/A	✓	INOVA (51%)	✓		已公布方案
TGS	✓	✓				✓
ION	✓	✓	INOVA (49%)		✓	

资料来源：根据 Friedemann 信息（2010，8）。

西方奇科公司：西方奇科公司是斯伦贝谢公司的物探服务公司。它是2000年由西方地球物理公司（斯伦贝谢子公司）和 Geco-Prakla（贝克休斯公司旗下的一个公司）两家公司合并而成，融合了双方地面地震数据采集和处理业务的一个新的合资公司。新公司得名西方奇科公司，斯伦贝谢公司持股70%，贝克休斯公司持股30%（OFT，2000）。2006年，斯伦贝谢公司收购了贝克休斯公司持有的30%的少数股权，使西方奇科公司成为斯伦贝谢公司的全资子公司（Schlumberger，2012a）。西方奇科公司是一家顶级的物探公司，提供广泛的地震采集、数据处理、储层成像、监控和开发服务。西方奇科公司与 GeoSolutions 公司（一个软件公司）在地震处理和大地建模业务方面合作。西方奇科公司的 Q Technology 是一项享有专利的增强储层描述的点接收采集系统。地震解释由斯伦贝谢公司使用 Petrel 地震解释系统进行。西方奇科公司在2009年收入21.2亿美

— 115 —

元、税前净利润 3.26 亿美元，2010 年收入 19.9 亿美元、税前净利润 2.67 亿美元。2011 年，斯伦贝谢公司整合了西方奇科公司的储层描述团队并自此不再单独公布收益和利润数据（Schlumberger，2012a）。

辉固公司：辉固公司在很多行业为客户提供地表数据采集、处理和解释服务。油气田业务贡献了其每年利润的 73%（Fugro，2010）。法国地球物理公司在 2012 年 9 月斥资 16 亿美元购买了辉固公司的地球科学部门，这为它的船队增加了 4 艘地震勘探船，并预期从回升的勘探费率中受益。这个综合交易包括建立海底物探合资公司❶、一个关于法国地球物理公司出售辉固公司现有多客户❷数据的协议以及一个全球战略、技术和商业相互优选供应商的协议，在后一个协议下法国地球物理公司和辉固公司承诺在彼此各自运营业务需要的特定产品和服务采购中享有优选供应商的地位。法国地球物理公司称赞此交易在市场复苏时使其获得高端勘探船。辉固公司声明决定出售物探业务是因为其不具有市场领先的地位以及没有稳定的收益。辉固公司解释"此次转让使辉固公司脱离了资本密集且不稳定的油气勘探市场中的地震勘探领域"（Bauerova，2012；CGG Veritas，2012a）。

Geokinetics：2009 年，Geokinetics 收购了 PGS 的陆上地震数据采集和多客户数据库业务，成为陆上地震数据采集业务的排头兵。Geokinetics 和 PGS 陆上业务的合并创立了按照员工数量计算全球第二大、西半球第一大的陆上地震数据采集公司（Oil Voice，2009）。作为一个总部设在美国的公司，Geokinetics 在美国非常规页岩油气方面比较活跃。

BGP：BGP 作为最大的陆上物探公司，总部设在中国，长期负责中国石油集团公司（CNPC）的物探业务。作为 CNPC 剥离其专业服务作业为独立公司的长期重组计划的一部分，BGP 从 CNPC 中脱离（BGP，2012）。2012 年与中国其他 6 家物探公司合并后，BGP 成为一个有限责任公司。2013 年，该公司表示已拥有全球物探市场 7.5% 的份额（BGP，2013）。位于北美的伊昂地球物理公司（ION），全球最大的地震设备制造商之一，和全球最大的陆上地震公司 BGP，合资成立了 INOVA 地球物理公司。INOVA 地球物理公司专注于为物探行业制造陆上物探设备。BGP 持股 51%，ION 持股 49%，但 INOVA 拥有自己的管理团队、经营地点和总部（ION，2010）。

---

❶两家公司一致决定创建一个海底物探公司合资公司（辉固公司 60%，CGG Veritas40%），包括在海底安装常设监视器。

❷CGG Veritas 将会担当一个辉固公司现存多客户库中非排他性的经纪人，并收到所有多客户销售的佣金。数据仅在辉固公司保存。

第4章 案例分析：国际石油公司和油服公司在行业内各领域中的关系

4.2.2 与国际石油公司的关系

寻找储量被认为是石油公司最具风险的业务，而前沿区域❶却在储量获取概率上位列第一（Offshore，1996），油气公司在更深的水域、更恶劣的环境以及更复杂的地质结构中投入大量资金寻找新的油气资源，这些因素都增加了对物探活动的需求（Ernst & Young，2012）。三维地震、盐下成像、电磁和速度建模等先进的物探技术作为能从越来越多的复杂且偏远的储层中获得精确信息的方法而被应用。地震数据采集、处理和解释在国际石油公司全球范围力争获得"难以触及的储量"竞赛中体现了巨大的重要性。勘探生产决策的两个主要组成部分就是地震数据解释和储层建模。地球物理勘探对国际石油公司的重要性和敏感性促成其与物探服务公司在很多方面形成一种紧密而深度的关系。

首先，对储层的认识和在哪钻井的决策被认为是国际石油公司的关键技术。国际石油公司决心保护其关键的储层认识技术，因此将物探作为极度敏感的领域对待。这反映在将物探活动外包还是留在公司内部的选择上。大部分国际石油公司将地震数据采集工作完全外包，处理工作在一定程度上外包，而将地震数据解释保留在内部进行。

地震数据采集，即使用高度专业化的物探装置进行勘探调查的业务，国际石油公司通常将此项工作留给了物探公司。在数据处理方面，尽管策略各有不同，国际石油公司倾向于将常规的和普通的数据处理工作外包而将复杂的数据处理留在内部完成。在地震数据解释方面，由于其对于投资决策的重要性，国际石油公司在内部进行此项工作。国际石油公司认为地震数据解释、地质数据解释和储层数据解释是需要保留在公司内部的三项关键技术。国际石油公司称若不将储层认识技术保留在公司内部，就无法承担开展油气勘探开发的风险。在确定含油地层并开展大规模投资之前，国际石油公司通过在公司内部进行数据解释，为地震数据解释的准确性承担责任❷。根据地震数据解释结果，国际石油公司决定是否钻勘探井和开发井。因为数据处理和解释工作之间的联系非常紧密，国际石油公司通常将这两项工作相结合，以免处理获得的信息对公司的经营目的而言不重要或不相关。如果由物探公司提供数据处理工作，国际石油公司可以要求解释数据的人员也参与数据处理工作。国际石油公司也可以选择数据采集和处理在不同的物探公司进行。

---

❶边缘地带被认为是地球上偏远的区域，或者是恶劣气候或者危险环境作业地区，例如深水或超深水地区。这些地区的钻井和地震采集活动都极少。

❷钻一口探井会花费1亿~2亿美元。

合资公司的情况是合作伙伴决定是否由其中一家国际石油公司处理数据或者将数据外包给物探服务公司。在这种情况下，选择由谁进行数据处理时，国际石油公司会发现自己同物探公司在某个项目的数据处理上存在竞争。一些国际石油公司希望自己处理数据以积累如深水等关键领域的技术；其他公司则是将自己处理数据作为一项默认的政策。受访者称埃克森美孚公司即使没有赢得投标，也会要求自身和第三方并行进行数据处理。在非常重要的油田，其他国际石油公司也会选择各自同时进行数据处理。对于数据解释工作，合资公司伙伴通常会选择由伙伴中的某个国际石油公司进行，其他的伙伴公司可以并行进行自己的解释工作为其复核。

其次，国际石油公司和油服公司在所有的物探项目上工作配合非常紧密。数据采集期间，船只航行、行程方向和勘探地点由客户决定。船上可以派驻国际石油公司的雇员。记录磁带被传送到物探公司和国际石油公司的办公室。如果数据处理是由物探公司完成，国际石油公司会给出关于要应用的 IT 系统或者算法的精确规格范式。像法国地球物理公司这类公司在其客户的办公地点设有专门的客户数据处理中心。这些中心的设立是对国际石油公司将数据处理工作外包的同时又要保持一定控制的积极反馈。这些专业中心确保了油气公司和物探公司之间密切的协调，并且有助于物探公司调整它的处理技术以满足客户的特定需求（CGG Veritas，2012b）。在由自己开展数据解释工作时，国际石油公司会使用油服公司开发的软件。在进行数据处理时，国际石油公司和油服公司在日常工作中保持紧密配合。为提供软件应用方面的顾问服务，一名物探公司员工会常驻国际石油公司的办公地点。大量事实证据表明，斯伦贝谢公司的 Petrel 软件被大多数油气公司所采用。

第三，国际石油公司通过与物探服务公司之间紧密合作引导了物探领域的技术进步，或向它们提供发展概念，或者向它们转移发明的技术。国际石油公司和物探公司之间经常进行技术交换。例如，为了生成更清晰的地震图像，BP 公司引导了 3D 宽方位角地震算法的发展（BP，2012）。法国地球物理公司在 BP 公司的要求和激励下完成了宽方位角地震算法的开发。另一个可以说明这种双向关系的例子是三维地震成像技术，自埃克森公司 1963 年发明了这项技术，它已经改变了行业找油的方式（Exxon Mobil，2007）。三维地震勘探已经成为整个油气勘探领域都在使用的主要工具，并且提高了钻井成功率（Offshore，1995）。第三个例子是面块切片解释技术[1]，由埃克森公司产品研发中心开发后将其融合到了

---

[1] Surface Slice 解释软件允许解释人员通过类似于一系列等高线图的水平图像扫描 3D 穹顶类型图像，这是一个快速的新型解释工具。

Geo–Quest's IESX 地震解释软件系统中（James 等，1994）。从埃克森公司到 Geoquest 的技术外化确保了 Geoquest 将进一步开发产品并保证埃克森公司有权按折扣费率使用这些产品。另外也有许多技术协同发展的例子。下一代的储层模拟器 INTERSECT，是雪佛龙公司和斯伦贝谢公司联合开发的技术中的一项，结合了雪佛龙公司的储层模拟能力和储层管理经验以及斯伦贝谢公司顶级的软件开发能力和商务经验。在随后的阶段道达尔公司也加入了联合开发，贡献出设计资源和技术专长来拓展 INTERSECT 模拟器（Schlumberger，2012e）。

第四，物探公司与客户开展大量合作来开发新产品线，或根据国际石油公司最新的需求提供服务。油服公司的研发团队的目标是识别客户可能感兴趣的技术领域，降低操作成本和引进对客户有吸引力的新技术。尽管国家石油公司是物探公司最主要的客户，技术进步仍由国际石油公司的需求引导。根据 2012 年 Seismic Vessel Survey 报道，物探公司正在不断购买地震船，并将全球条件最恶劣的（包括北极和超深水）地域，作为下一个业务重点目标。另一个趋势是油田生命周期物探和对于增强储层管理中地球物理洞察力的洋底节点设备应用的增加（Kliewer，2011）。这些趋势表明，物探公司就国际石油公司对未来的行业预期做出了响应。

最后，国际石油公司通过其活动影响着行业结构，不论是有意还是无意为之。一位受访者认为"BP 公司支持 Veritas 以增加竞争。Veritas 是一家技术先进的公司，但是仍落后于西方齐科公司。BP 公司将 Veritas 列为优先供应商并帮助其发展。宽方位角解释技术就是由 Veritas 根据 BP 公司的想法开发的。BP 公司帮助 Veritas 与斯伦贝谢公司竞争的意图非常明显"。大量事实证据表明，当今其他的国际石油公司也在试图扶持斯伦贝谢公司的竞争者，目的在于在物探领域形成竞争。一家国际石油公司表示它选择 BGP（而不是斯伦贝谢公司）以免斯伦贝谢公司控制市场。

4.3 油井服务

"每口井都有自己的个性"。

行业内服务范围最广的部门就是"油井服务"，也被称为"油井支持服务"或"油田服务"。与其他承担着范围局限的、特殊的或高度专业化任务的部门不同，油井服务作业范围广，可以包含从固井到试井等多种任务。下文提供了关于这个部门更详细的综述。

地震勘探后会钻探井。钻井是唯一能确定油气存在的方式，但是仅仅向地下钻一个井眼很难推定探井是否钻遇含油气层。一口探井仅仅是一个过程的开始，在这个过程中，石油公司会尽可能多地获取关于地下构造和油藏的信息及数据（Hermann 等，2010）。电法测井❶、随钻测井❷和试井❸都是对地下构造增进理解的方式（Andersen，2011；Hermann 等，2010）。此外，钻井——向地下钻一个深孔的操作——需要复杂的服务和技术，例如动态压力管理、钻头❹和钻井液❺（Rigzon，2012a，2012b）。这种复杂性在英国议会一份关于墨西哥湾漏油事故影响的报告中得到了证实。报告称，井内压力是通过确保井筒中钻井液（泥浆）的压力，或井底压力，与储层中油、气、水的压力（地层压力）足够相互抵消来控制的。如果地层压力大于井底压力，油气会进入井孔，如果没能很好地控制，可能会引起井喷。BP 公司的前首席执行官 Tony Hayward 称"钻杆的压力和泥浆的体积是最重要的两个指标，需连续测量"（引自英国议会报告，Tony Hayward，2011）。钻井液工程师监控地层压力，并调节钻井液密度以平衡压力、保证井身稳定（英国议会，2011）。控制压力并不是钻井期间所需的唯一服务。在整个井建工程期间，如固井、压力泵注和措施改造等都是必需的服务。安全阀、封隔器和防砂等其他技术在准备油井投产（完井）期间也都有需要。所有这些发现和开采石油过程中需要开展的绝大多数作业服务，被归类为"油井服务"。

油井服务主要使用在"钻井和评价"领域或"完井和生产"领域。油井服务部门中"钻井"涉及钻井期间的各种服务与 4.2 节中描述的服务不同。在钻井和评价领域，公司提供储层建模、岩石物性建模、录井、钻井和精确井筒位置解决方案等服务，这些服务旨在模拟、测量并优化井建工程。服务公司也提供诸如钻头和钻井过程中需要的润滑液和冷却液等。在完井和生产领域，公司提供固井、措施改造、修井、压力控制、化学助剂、人工举升和完井服务。服务公司提供完井需要的设备和油田化学助剂以及生产所需的泵和监控系统等。

---

❶电缆测井包括降下一个仪器到井底，然后缓慢将其拖起同时记录仪器提供的信息。斯伦贝谢公司的创建者在 1927 年进行了首次测井，通过在长电缆末端降下一个电极并且收起时不断记录电压差来测量地层的抗电阻性。储层含水或是含烃表现为不同的形式。如今使用的主要的测井电缆设备包括几个测井测量值，如伽马射线、电阻、中子和密度。通过油田多口井的测井日志对比，地质学家和储层工作者可以开发油田产量计划（Hermann 等，2010）。

❷随钻测井工具在钻井期间获取到同样的测井数据（电阻、声速、中子）（Hermann 等，2010）。

❸试井包括在原油中安放一个设备以控制速率通过地面阀然后测量流动速率、压力、温度和流体性质以及渗透率、容量和储层潜流速度（Hermann 等，2010）。

❹钻头是钻取油气井时可以切割岩层并且形成圆柱形钻孔的一种切割工具。钻头是旋转装置，位于井筒和钻杆下方的钻柱尖端。因为不同地层中需要不同配置运作更有效，许多钻头可能只应用于一口井（Rigzone，2012b）。

❺钻井液，也称为钻井泥浆，被加到钻孔中通过悬浮切割、控制压力、稳定裸露地层、提供浮力、冷却和润滑以促进钻井过程（Rigzone，2012a）。

第 4 章 案例分析：国际石油公司和油服公司在行业内各领域中的关系

这节讨论的范围有限，旨在提供一个关于全部油井服务的详细解释，这里的油井服务包括众多需要高端技术解决方案的专业服务。

提供油井服务的四家主要公司将它们的服务活动分为几类。分析其具体的服务内容得出油井服务通常包含下述活动：

（1）钻井 & 评价类。

①钻井、井眼扩径和取心。

②油井支持服务：包括定向和导向钻井相关设备和服务。

③井建工程服务：包括下套管❶和固井❷相关产品和服务（Rigzone，2012c）。

④电缆测井服务：包括为收集数据进行岩石物性分析进行的裸眼测井和过套管测井、储层评价取心、随钻测井、电法测井、井底取样随钻测量。

⑤试井服务：钻井结束之后用专业设备和程序来获取储层信息。包括地表和井底的井控设备和服务，含有采油树、地面测试设备、加热器、分离器、燃烧器和测量仪器及相关服务。试井提供给公司有关油藏规模和特性的重要信息。

（2）完井 & 生产类。

①修井服务：包括在现有井筒中使用的，旨在改进油井表现的产品和服务，例如井筒障碍移除系统、过套管打捞、电气和平滑线设备和服务。

②人工举升系统：包括液压举升或气举系统，用于在没有足够的储层压力的情况下通过人为向井底压入气/液，将油气举升至地表。

③完井服务❸：包括下套管、固井、管件、封隔器、安全阀、防砂技术、气举、电动潜水泵、压力控制、特殊化学制剂和配合剂（Rigzone，2012c）。

④增产服务：包括先进的压力泵注、油田助剂、压裂技术、连续油管作业技术等为增产和提高采收率而提供的技术服务。

油井服务的需求和供给同石油行业的勘探开发资本性支出水平，以及勘探、开发和生产油气储量过程中的具体要求直接相关。油井服务公司的发展状况直接反映了客户的勘探与生产支出。油井服务公司的主营业务基于复杂设备和服务，油价下降会影响其收入。勘探领域的新趋势，如非常规油气田（致密油和页岩气）勘探的兴起对油井服务市场也有一定影响，因为非常规油气田投资是高度资本密

---

❶"完井的第一步是下套管。当一口井完成钻井之后，应该移除钻井液，这口井本身也将要关闭。下套管保护井内气流不接触外界，例如水或砂。钢管串接形成连续的空心管，以便套管入井"（Rigzone，2012c）。

❷"完井的下一步是固井。包括将水泥浆泵入井中以置换钻井液并且将套管和钻井之中的空间填满"（Rigzone，2012c）。

❸"完井合并了转换一口钻井至产油井的步骤。这些阶段包括下套管、固井、打孔、砂砾填充和安装采油树"（Rigzone，2012c）。

集型的,并且需要水平井钻井和水力压裂等特定技术。尽管不愿对每项服务的具体成本做出解释,一位受访者提到,深水钻井平台的使用成本可达到每日50万美元,钻井服务的成本可达到每日100万美元。

4.3.1 市场结构和主要参与者

油田服务市场中有四家占主导地位的公司:斯伦贝谢公司、哈里伯顿公司、贝克休斯公司和威德福国际公司。根据摩根斯坦利估计,在斯伦贝谢公司收购史密斯国际公司后,四家"寡头"油服公司控制了75%的市场份额。以市值来看,斯伦贝谢公司、哈里伯顿公司和贝克休斯公司位列最大5家油服公司之中。斯伦贝谢公司是其中唯一一家开展了物探服务业务的公司,其他几家则完全专注于油井服务。几家公司都提供油井支持服务以及其他相关物资原料,如油田助剂、钻井液和设备等。每个产品线和服务都有领头公司,然而受访者普遍提到在某一领域,一些公司会比其他公司更出色;相应地,钻井相关服务中斯伦贝谢公司排名第一,而哈里伯顿公司是完井、措施改造和固井领域的市场领袖,贝克休斯公司则在钻井液方面水平最佳。

油田服务市场的特点是,小型公司和四家市场领导者并存,中型公司数量极少。小型公司成立的目的是开发新技术,当它们成长起来就会被希望拓宽自身服务领域的大型公司收购,如斯伦贝谢公司收购了近50家具有专项技术的小型公司。一位受访者提到"威德福国际公司成功地从这一规律中逃脱,并已经成长为一家大型公司"。下面给出了四大家公司每家的一些并购案例(表4.9)。

表4.9 主要的修井服务公司

公司名称	总部位于	收益(十亿美元)	营业利润/净利润(十亿美元)	研发支出(十亿美元)	主要经营范围
斯伦贝谢公司	美国—法国	48.6	7.6/5.4	1.2	测井、试井、E&P软件、定向钻井、随钻测井、钻井液、泥浆录井、线圈油管、排线
哈里伯顿公司	美国—迪拜	32.9	5.1/3.5	0.6	非常规油田、页岩技术、深水技术和老油田增产服务、固井、完井、增产
贝克休斯公司	美国	24.6	2.9/1.7	0.6	三维和PDC钻头、大孔随钻和套管钻井技术
威德福国际公司	瑞士	14.9	0.5/0.6	0.3	旋转转向系统、人工升举系统、成熟井提油

资料来源:作者根据公司2014年年报绘制。

第4章 案例分析：国际石油公司和油服公司在行业内各领域中的关系

斯伦贝谢公司：斯伦贝谢公司是全球最大的油服公司，市值920亿美元，高于挪威国际石石油公司、埃尼公司和康菲石油公司❶等一些国际石油公司和国家石油公司，最初斯伦贝谢兄弟发明了电缆测井技术用来获取油井的井下数据，斯伦贝谢公司因而作为一家测井公司于1926年在法国创立（Schlumberger，2012a）。当前公司在两个业务领域比较活跃：油井服务和物探业务。斯伦贝谢油田服务为石油公司提供全面的油井服务，包括但不限于地层评价、定向钻井、修井、完井、产品、软件和IT基础设施。其油田服务业务分为三大类：储层描述、钻井和油藏开采。这几类业务占公司总收入的90%以上（2011年收入395亿美元中的370亿美元）。斯伦贝谢公司的物探业务单元，西方奇科公司为客户提供先进的数据采集和处理服务。

斯伦贝谢公司在测井、试井、钻完井液、连续油管、随钻测井、定向钻井服务和泥浆录井以及全自动测井、地球科学软件和计算机信息处理服务方面都处于行业领导者地位（Schlumberger，2011）。在提供的大多数油井服务领域中，斯伦贝谢公司都占据领先的市场份额。虽然没有现成的公开数据，据一位受访者称，斯伦贝谢公司在测井服务领域的市场份额在70%左右，在钻井技术服务领域的市场份额在60%左右。

斯伦贝谢公司作为技术提供者的身份创立，并一直在技术研发上大规模投资。公司在2011年的研发支出达11亿美元，高于其他所有油井服务公司在这方面的投资总和，按照研发投资占总收入的百分比计算，斯伦贝谢公司的投资比例也高于所有国际石油公司（Economist，2012；Schlumberger，2012b）。

2010年斯伦贝谢公司各项业务的市场地位见表4.10。图4.4所示为2011年几大公司的研发支出情况。

表4.10 2010年斯伦贝谢公司各项业务市场地位

团队	服务或产品	斯皮尔斯排名
储层描述团队	物探设备和服务	2①
	测井	1
	生产试油	1
钻井团队	钻头	2
	定向钻井服务	1
	租赁和装配	3

---

❶请见表2.3和表2.6关于市值的详细信息。

续表

团队	服务或产品	斯皮尔斯排名
钻井团队	钻完井液	1
	随钻测井	1
	地面数据测井	1
	固控和废弃物管理	1
油藏开采团队	压力泵服务	2
	完井设备和服务	4
	人工举升服务	2②
	连续油管服务	1
	专业化工品	4

①斯伦贝谢公司不销售物探设备。
②人工举升服务排名基于ESP市场。

资料来源：根据Gould提供信息（2011，10）。

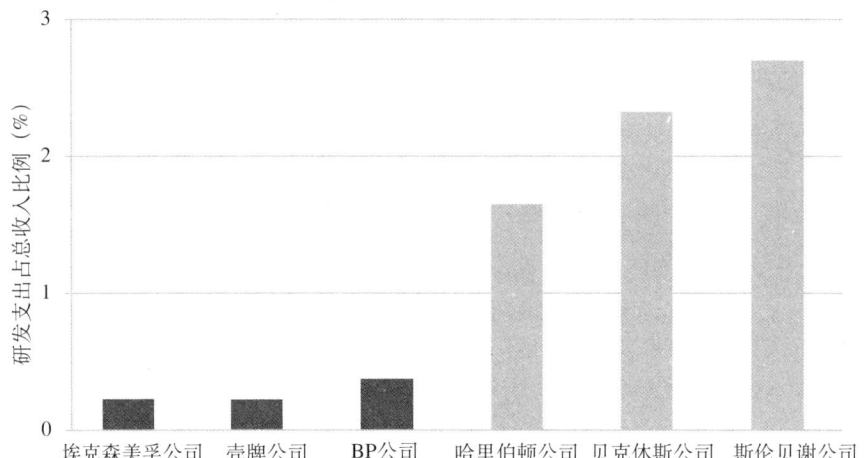

图 4.4　2011 年几大公司研发支出

资料来源：根据 Economist 信息绘制（2012）

在采访中，斯伦贝谢公司广泛的服务领域以及它对技术研发的特别重视被普遍认为是其独特的竞争优势。"In Touch"知识系统（由斯伦贝谢公司于1998年设计开发的内部知识管理系统）被数位业内专家在采访中引述为斯伦贝谢公司的

第4章 案例分析：国际石油公司和油服公司在行业内各领域中的关系

竞争优势。In Touch 是一个知识数据库，用户可以通过这个数据库获取到全球范围的作业知识。它是斯伦贝谢公司将其专业知识和创新成果资本化的关键因素。得益于 In Touch 系统，斯伦贝谢公司能够在公司层面收集并分享更多的专业知识与技能，并在员工离职后留存保护这些信息，从而改进企业运营水平，发展自身竞争优势。In Touch 数据库包含了多于 100 万个知识条目，通常是油田工程师遇到技术问题后寻求解决方案的第一手段（Schlumberger，2012d）。通过 In Touch 系统，斯伦贝谢公司员工可以从总部和全球专家处获得信息来解答作业过程中遇到的问题。例如，一位在安哥拉的员工遇到一个关于测井工具的问题，他可以在 In Touch 系统输入这个问题并留下紧急求助信息。通过这一操作，这位员工可以立即连线到全球范围的专家，大大缩短了响应和解决问题的时间。得益于其专有的 In Touch 知识捕捉和共享系统，斯伦贝谢公司被认为是全球最具声望的知识型企业（Schlumberger，2012b）。

另一个在采访中被举例引述为斯伦贝谢公司竞争优势的技术是 Petrel。这个勘探开发一体化软件平台于 2002 年被斯伦贝谢公司收购，作为唯一一款能向勘探公司提供可能使用到的全部工具的地震—数值模软件被开发并推向市场。Petrel 减少了对勘探领域每部分专业技术软件的需求，使得用户可以用一体化方式进行地震数据解释、油藏建模及设计开发方案。Petrel 使得公司可以从地震采集和测井等多种来源汇总油藏数据，并使得地球物理学家、地质学家和油藏工程师在一个平台上协同工作，并通过插件程序整合各种操作。得益于 Petrel，斯伦贝谢公司能够提供完全软件授权工作流系统，内容涵盖了地震和岩石物性解释以及含油气系统模拟（Gould，2011）。近年来，斯伦贝谢公司又收购了几个不同方向的小型勘探软件公司并将它们整合进 Petrel 系统。2009 年它收购了开发出 Techlog（一款钻孔解释软件）的岩石物理软件公司 Techsia，2010 年收购了 IGEOSS（一家构造地质学软件的开发商）；这两家的产品随后都被整合进了 Petrel（Schlumberger，2012a）。

斯伦贝谢公司的发展史中充满了各种类型的收购，从小型软件公司到大型专业技术公司。通过收购和自主研发，斯伦贝谢公司已经从一个测井公司转型为一家服务范围全面的油井服务公司。2010 年和 2011 年，公司进行了几起战略性并购，斥资 110 亿美元收购史密斯国际——一家主要经营设计、制造和供应钻头（斯伦贝谢公司在此领域没有重要业务）的公司，旨在进一步拓宽斯伦贝谢公司的服务范围。这起在斯伦贝谢公司历史上最大的并购案也使得斯伦贝谢公司全资所有了 MI SWACO——一家钻井液供应商，由斯伦贝谢公司和史密斯公司共同创立于 1999 年。收购史密斯使国际得斯伦贝谢公司扩大了相对于其他油井服务公司的领先优势（Casselman 和 McCracken，2010）。

2010 年，斯伦贝谢公司还收购了 Nexus Geosciences（一家地震支持服务公司)、IGEOSS(一个构造地质软件开发商)以及 Geoservices(一家专营泥浆录井、钢丝绳作业和生产监控操作的油井服务公司),2011 年又收购了 Framo Engineering(一家生产泵和计量系统的挪威私人公司)和 Thrubit(一家壳牌技术投资基金旗下的提供裸眼井测服务的公司)(Schlumberger,2012a)。战略并购使得斯伦贝谢公司可以提供综合一揽子的产品与服务,并在所有油服公司中建立了最具综合性的服务组合。

哈里伯顿公司:哈里伯顿公司是第二大油井服务公司和第三大油服公司。1919 年作为一家固井公司成立于美国,随后又在迪拜设立了第二总部以加强其在东半球的参与程度。1998 年公司与 Dresser Industry 以 77 亿美元交易价格合并,从而领先于斯伦贝谢公司成为当时最大的油服公司。2006 年,哈里伯顿公司决定专注于油井服务领域,并剥离了其工程设计和建设板块 KBR。2011 年,哈里伯顿公司收购了 Multi-Chem——一家为老油田提供产量保障服务的油田化学助剂服务供应商。

哈里伯顿公司经营策略专注于非常规、深水和成熟油田所需的专业技术服务,在非常规页岩气方面处于行业内领导者地位,并且已经内部开发出非常规项目水力压裂减少完井时间(Rapidsuite 系统技术)和提高环境安全(Cleansuite 系统技术)的相关技术。此外,公司也在不断加强深水油田高温高压钻井等方面的技术服务实力。对于成熟油田,哈里伯顿公司可提供相关评价工具和技术来更好地描述地层特征,这通常是油田二次开发的第一步工作(Halliburton,2011)。

图 4.5 所示为几大油气服务公司年收入情况。

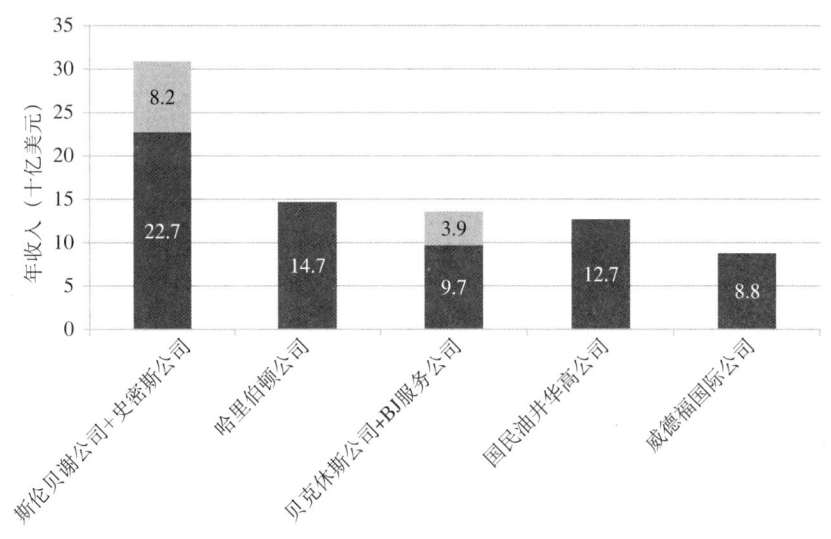

图 4.5　油气服务公司年收入

注释:包括 2009 年的合并。BJ 服务会计年度在 9 月 30 日结束。
资料来源:根据 Casselman 和 McCracken 信息绘制(2010)

第4章 案例分析：国际石油公司和油服公司在行业内各领域中的关系

贝克休斯国际（BHI）：贝克休斯公司是第三大油井服务供应商，提供高效钻完井的技术和服务。贝克休斯公司于1987年由两家具有百年历史的油服公司——贝克国际公司和休斯工具公司合并而成。纵观其历史，BHI收购整合了多家规模较小的油井服务公司，如Teleco（随钻测量、定向井和水平井钻井）、Exlog（泥浆录井）、Petrolite（油田化学助剂）、Centrilift（人工举升）和Western Atlas（地震勘探和测井）。Western Atlas是其中最大的一起收购，交易价值60亿美元，并由此创立了两个新的部门，Baker Atlas（井下、电缆和测井服务）和Western Geophysical（地震数据服务）。2000年，Western Geophysical与斯伦贝谢公司的地球物理部门（Geco-Prakla）合并组成了WesternGeco。随后在2006年，贝克休斯公司将其股份出售给斯伦贝谢公司并放弃了地震业务。2009年公司进行了另一起大型交易，以55亿美元收购了BJ服务公司。BJ服务公司是第三大压力泵注服务供应商，这一服务用于常规油井增产以及非常规页岩气层破岩（Klamp和Lundgren，2009）。当前，公司将其业务分为三个领域：(1) 钻井、评价和钻井液；(2) 完井、生产和化学助剂；(3) 压力泵注，共覆盖9条产品线。公司同时也提供油藏开发服务（Baker Hughes，2011）。

威德福国际公司（WI）：威德福国际公司是第四大油井服务公司，于1998年由Energy Ventures和WeatherFord Enterra合并创立。和前述三家公司类似，威德福国际公司也参与了几起收购，包括在2005年以22.8亿美元收购Precision Drilling Services，以增加其钻井服务、电缆测井和评价等方面的业务实力。公司的业务领域专注在钻井、评价、完井、生产和修井服务。公司在完井和生产领域尤其领先。它是唯一一家提供所有方式人工举升技术服务的公司，并且保持着在全球安装膨胀防砂系统数量最多（超过600个）的记录（WeatherFord International，2011）。

4.3.2 与国际石油公司关系

油井服务是侧重技术的"上游"部门，这与其他如劳动力集中型的钻井服务或者工程设计采购施工这类项目管理导向型的"下游"部门不同。固井或人工举升服务高度专业化并几乎被所有国际石油公司外包。在过去，国际石油公司自己从事除电缆测井之外所有的油井服务工作，据一位受访者解释，电缆测井由斯伦贝谢公司研发并受知识产权保护。随着时间推移，国际石油公司将油井服务外包给拥有先进技术的工程公司，这些公司开发了与国际石油公司重叠的部分业务。因此，国际石油公司和油服公司之间的竞争问题通常发生在油井服务企业——特别是斯伦贝谢公司和哈里伯顿公司——提供综合性服务方面。例如，斯伦贝谢公司提供的油田服务是通过被称为综合项目管理（IPM，为井建工程项目服务）和斯伦贝谢公司采油管理（为在产油田服务）的业务模式。在这些模式下，斯伦贝谢公司提供完整链条的服务，而不是单独的产品或服务。在某些综合项目管理服务中，斯伦贝谢公司的收费方式与产量相关，如增产项目，收费可以是实物形式支付，按照产量的百分比计算。在其2011年的年报中，斯伦贝谢公司称"服务项目可以是固定价格的，附加违约罚金和超过预定目标绩效奖金的条款。斯伦贝谢公司绝不会持有油气储量的所有权。"（Schlumberger，2011）不过斯伦贝谢公司和哈里伯顿公司为一些国家石油公司提供综合项目管理服务并以实物形式收费的实际情况引起了某些专精于综合项目管理并按产量百分比收取实物报酬费的国际石油公司的竞争担忧。如前所述，油井服务公司在访谈中表明他们并不希望与客户竞争，而是致力于发展先进的技术实力。

国际石油公司提供工作的详细规格要求给油井服务公司，并在其作业过程中进行监督。如在勘探现场进行地震服务时，试井后的解释和压力测试工作就是由国际石油公司进行的。一位在油田公司工作的受访者表示"国际石油公司控制着每一个决策。每件事情都要通过他们的审核，他们管理着全部的运营操作"。例如，在一个测井服务合同中，录井方法、工作计划和其他所有技术要求都由国际石油公司决定。油井服务公司向国际石油公司提供测量结果，国际石油公司对这些测量结果进行解释来判断勘探风险。对每一个项目，国际石油公司集成使用多种技术服务。他们可能会要求不同的公司进行固井和测井，或由不同的公司完成人工举升和钻柱安装，其目的都是选择各领域的最佳或价格最具竞争力的服务进行组合。

国际石油公司是集成组合各项服务和技术方面的专家。他们参与众多联合研究并在项目开发中引入多家服务公司以提高这种服务组合的整体工作效果和自身实力。一个联合研发的例子是道达尔公司和哈里伯顿公司联合运营的Prometheus项目。传统上随钻测井和旋转导向技术在高温高压的不利环境中应用十分困难，因为精密的设备工具在整个钻井过程中要暴露在井下极端高温环境中。2008年，道达尔公司和哈里伯顿公司签订了一份协议来联合开发一套能够承受超高温高压的钻进测量系统和随钻测井传感器。两家公司目前对这套Promehteus随钻测井工具进行了有针对性的开发，使其能够专门适应北海地区油田的超高温高压环境（Dirksen，2009）。

研发的方向被国际石油公司的需求所引导。油井服务公司开展研发项目、组成合资公司或者收购专业公司来响应国际石油公司具有挑战性的要求，如钻探目标深度较深或者井深剖面施工难度更大。最近的例子是斯伦贝谢公司和卡梅隆公司合资的海上领域服务公司。海上油气生产活动是极度有挑战性的，因为在海底设备作业要同时经受高温高压和强劲的洋流等多重考验。海上作业服务费率更高

第 4 章 案例分析：国际石油公司和油服公司在行业内各领域中的关系

主要是由于这些更具挑战性的环境和更高的服务强度，促使油井服务公司提高其每台钻机的收费。2012 年，斯伦贝谢公司和卡梅隆国际公司（水下设备供应商）签订协议，成立合资公司 OneSubsea，共同开发海上油气市场的产品、设备和服务。斯伦贝谢公司首席执行官 Paal Kibsgaard 证实这家公司希望帮助客户提高其海上油井的产量和采出程度。传统上海洋市场由小型专业公司提供服务，但是由于预期海上油田服务的需求未来会增加，斯伦贝谢公司一直在收购或组成合资公司来加强其在这个市场上的地位。2011 年，斯伦贝谢公司收购了一家专业从事海洋市场技术的挪威公司 Framo Engineering，同时和卡梅隆公司一起组建了合资公司 (Team, 2012)。海上油田服务市场的需求同时来自国际石油公司和诸如巴西国油这样的国家石油公司，但是国际石油公司在深水和超深水领域更为活跃。此外，大型服务公司收购的一些较小型公司起初通常是由国际石油公司资助或是作为国际石油公司的合作伙伴开始运营的。例如，斯伦贝谢公司收购的 Thrubit，之前就是由壳牌技术创投基金资助。国际石油公司为这些小型公司给定技术开发方向，并提供种子资金。

除了驱动技术发展之外，国际石油公司也影响着行业结构。当国际石油公司发现某家服务公司的市场份额过高时，就会选择其他的供应商合作以做出平衡。一些国际石油公司抱怨到，能按照要求的质量和健康安全环保标准提供先进技术的公司非常有限。在这种情况下，国际石油公司和油井服务公司之间的均势已经倒向油井服务公司，特别是在高油价时期。国际石油公司称其目标是使某些领域内部形成竞争，如测井这种几乎是由斯伦贝谢公司垄断的领域。一些受访者称这种关系类似于"非正式合作伙伴关系"，这种关系里永远存在摩擦，经历着长久的起伏循环。

除这些影响之外，来自油井服务公司的受访者们提到了几个需要改进的问题。首先，几位受访者抱怨称国际石油公司将某些专业技术外包后自己却逐渐丧失了监督工作的必备专业知识。一位受访者表示"当你不做日常工作的时候，你就忘记了日常工作中存在的挑战"。其次，在一个领域里拥有某项特殊先进技术的公司不希望石油公司将他们和其他供应商"放入同一个篮子"，以最低的技术要求作为统一评价供应商的标准。他们很遗憾不能总是在投标中将他们的技术优势和价值量化在价格中体现。基于最低技术要求的技术标评标后，最终竞标结果是由采购部门根据价格决定的。一些油井服务公司感觉到"正确的以最高标准完成工作"的价值没有被充分考虑。预计这种情况在墨西哥湾漏油事件之后会有所改变。

参 考 文 献

Andersen, M.A. 2011 (Spring). "Discovering the Secrets of the Earth, Defining Logging." *Oilfield Review Scblumberger* 23(1): 59-60.

API (American Petroleum Institute). 2011. "Explaining Exploration and Production Timelines (Offshore)." Accessed 8 April 2012. http://www.api.org/newsroom/upload/51073205_explaining_exploration_and_production_time lines_offshore 1.pdf.

Baker Hughes. 2011. "Well Planned, Managed, Delivered: 2011 Annual Report." Accessed 5 December 2012. http://phx.corporate-ir.net/phoenix.zhtml?c=79687&p=irol-reportsannual.

Baker Hughes. 2014. "Earnings from Innovation: 2014 Annual Report." Accessed 5 May 2015. http://phx.corporate-ir.net/phoenix.zhtml?c=79687& p=irol-reportsannual.

Bauerova, L. 2012. "CGGVeritas to Buy Fugro's Seismic Unit for $1.6 Billion." *Bloomberg* [Online], 24 September, http://www.bloomberg.com/news/2012-09-24/cggveritas-to-buy-fugro-s-seismic-unit-for-1-6-billion, html.

BGP. 2003. "CNPCs BGP Spinoff Expected to Capture Greater Land Seismic Market." *BGP* [Online], 7 April. Accessed 5 September 2012. http://www.bgp.com.cn/NewsIn.aspx?menu= 11.

BGP. 2012. "About Us: Introduction." *BGP* [Online]. Accessed 5 September 2012. http://www.bgp.com.cn/09/About%20us/Introduction.htm.

BP. 2012. "Ground-breaking Technologies." *BP Subsurface* [Online]. Accessed 1 December 2012. http://www.bp.com/extendedsectiongenericarticle.do?categoryId=9037387&contentId=7068780.

Casselman, B., and J. Mccracken. 2010. "Schlumberger Deal Widens Oil-Services Lead." *The Wall Street Journal*, 22 February.

CGGVeritas. 2011. "Annual Report 2011, Form 20-F." Accessed 26 September 2012. http://www.cgg.com/InvestorArchivedReports.aspx?cid=4817.

CGGVeritas. 2012a. "CGGVeritas Announces Acquisition of Fugro's Geoscience Division and the Creation of Strategic Partnerships." CGGVeritas Press Release. 24 September. Accessed 30 October 2012. http://www.cggveritas.com/default.aspx?cid=5488.

CGGVeritas. 2012b. "Dedicated Processing Centers." Accessed 2 March 2012. http://

第4章 案例分析：国际石油公司和油服公司在行业内各领域中的关系

www.cggveritas.com/default.aspx?cid=1944.

CGGVeritas. 2012c. "Seismic Overview." Accessed 2 June 2012. http://www.cggveritas.com/popup_page.aspx?cid=l -24-163.

CGGVeritas. 2014. "Annual Report 2014, Form 20-F." Accessed 26 May 2015. http://www.cgg.com/InvestorArchivedReports.aspx?cid=4817.

Clanton, B. 2010. "Pride Sees More Consolidation in Offshore Drilling Industry." *Fuel-Fix* [Online], 4 November 2010. Accessed 5 December 2012. http://fuelfix.com/blog/2010/11/04/pride-sees-more-consolidation-in-offshore-drilling-industry/.

Corkery, M. 2010. "Big Oil (Services) Is About to Get Even Bigger." *The Wall Street Journal*, 19 February.

Daily, M. 2010. "Noble Corp to Buy Frontier Drilling for $2.16 Billion." *Reuters* [Online], 28 June. Accessed 5 September 2012. http://uk.reuters.com/article/2010/06/28/us-noblecorp-idUSTRE65R2C520100628.

Deloitte. 2010. "Seismic Equipment Market Review." Deloitte & Touche Regional Consulting Services Limited. Accessed 5 December 2012. https://www.deloitte.com/assets/Dcom-Russia/Local%20Assets/Documents/Energy%20and%20Resources/dttl_Seismic-Equipment-Mairket-Review_25072012_EN.pdf.

Diamond Offshore. 2012. "Offshore Drilling Basics." Accessed 2 September 2012.

Dirksen, R. 2009. "Hostile Drilling Environments Require New Approach." EPMAG, Hart Energy, 1 August. Accessed 15 December 2011. http://www.epmag.com/Production-Drilling/Hostile-drilling-environments-require-approach_42842.

Drilling Contractor. 2002. "Contractors Ordering Offshore Rigs on Speculation." *Drilling Contractor* May/June [Online]. Accessed 30 December 2012.

Economist. 2012. "The Unsung Masters of the Oil Industry." *The Economist*, 21 July.

Ensco. 2011a. "Annual Report and United Kingdom Statutory Accounts 2011." Accessed 5 September 2012. http:// www. enscoplc. com/files/docs_financial/Ensco%20plc%202011%20Annual%20Report%20and%20UK%20Statutory %20Accounts.pdf.

Ensco. 2011b. "Ensco Pic to Acquire Pride International, Inc." Ensco Pic Press Release, 7 February. Accessed 16 August 2012. http://www.enscoplc.com/ Newsroom/Press-Releases/Press-Release-Details/2011/Ensco-plc-to-Acquire- Pride-International-Inc1 124029/default.aspx.

Ensco. 2012. "History: Ensco Rose from Humble Beginnings to Become the Leader in Customer Satisfaction and the Second Largest Offshore Drilling Company."

Accessed 1 December 2012. http://www.enscoplc.com/About-Us/History/default. aspx.

Ernst & Young. 2012. "Review of the UK Oil Field Industry." March.

ExxonMobil. 2007. "Analyst Meeting." 7 March. Accessed 1 June 2012. http://sec.edgar-online.com/exxon-mobil-corp/8-k-current-report-filing/2007/03/13/Section7.aspx.

Friedemann, C. 2010. "Seismic Sector Overview." *ION Geophysical, Investor Education Series* [Online], May 2010 Accessed 22 May 2015. http://www.iongeo.com/investoreducationcenter/PDFS/IR_SeismicSectorOverview_Friedemann_PP_100802.pdf.

Fugro, N.V. 2014. "Annual Report 2014." Accessed 15 June 2015. http://www.fugro.com/docs/default-source/investor-publications/2014/annual-report-2014.pdf?sfvrsn=10.

Funding Universe. 2012. "Transocean Sedco Forex Inc. History." *Funding Universe* [Online]. Accessed 1 June 2012. http://www.fundinguniverse.com/company-histories/transocean-sedco-forex-inc-history/.

Glossary of Petroleum Industry. 2015. "Seismic Sea Streamer in English", *Babylon*, http://translation.babylon.com/english/seismic+sea+streamer/.

Gould, A. 2011. "Schlumberger CEO Presentation." 27th Annual Sanford C. Bernstein Strategic Decisions Conference, Schlumberger Limited, http://www.slb.com/ news/presentations/2011/~/media/Files/news/presentations/2011/20110602_agould_sanford_bernstein.ashx.

Halliburton. 2011. "Advancing Technology, Delivering Results: 2011 Annual Report." Accessed 5 December 2012. http://ir.halliburton.com/phoenix.zhtml?c=67605&p=irol-reportsAnnual.

Halliburton. 2014. "Go Big: 2014 Annual Report." Accessed 5 May 2015. http:// ir. halli burton, com/phoenix. zhtml ?c=67605&p=irol-reportsAnnual.

Hermann, L., E. Dunphy, and J. Copus. 2010. *Oil & Gas for Beginners: A Guide to the Oil Industry*. Global Markets Research. London: Deutsche Bank.

Hewitt, T. 2008. "Who Is to Blame ? Allocating Liability in Upstream Project Contracts." *Journal of Energy & Natural Resources Law* 26(2): 177-184.

Hill, A. 2011. "BP's Woes Are a Guide to Modern Executives." *The Financial Times*, 18 January, http://www.api.org/newsroom/upload/51073205_explaining_exploration_and_production_timelines_offshore 1 .pdf.

Hyperdynamics. 2010. "Hyperdynamics Awards 3D Seismic Processing Contract."

第4章 案例分析：国际石油公司和油服公司在行业内各领域中的关系

Hydrodynamics Corporation Press Release [Online], 13 July. Accessed 16 August 2012. http://www.slb.com/news/press_releases/2012/2012_0726_inter sect_ collaboration_pr. aspx.

IHS. 2015. "IHS Petrodata Weekly Rig Count." Accessed 26 May 2015. https:// www.ihs.com/products/offsbore-oil-rig-data.html.

ION. 2010. "ION/BGP JV Is Off to a Fast Start." *ION Geophysical* [Online], October. Accessed 15 December 2012. http://www.iongeo.com/content/documents/ pdfs/articles/EP_INOVA_Fast_Start_1 01014 .pdf.

James, H., M. Tellez, G. Schaetzlein, and S. Stark. 1994 (July). "Geophysical Interpretation: From Bits and Bytes to the Big Picture." *Oilfield Review Schlumberger*, 23−31.

Kaiser, M.J., and B.F. Snyder. 2012. "Reviewing Rig Construction Cost Factors." *Offshore Mag*, 1 July: 72.

Klamp, E., and K. Lundgren. 2009. "Baker Hughes to Buy BJ Services for $5.5 Billion." *Bloomberg* [Online], 31 August. Accessed 8 August 2012. http://www. bloomberg.com/apps/news ? pid=newsarchive&sid=a0dd4ngIH_t8.

Kliewer, G. 2011. "Seismic Vessel Count Remains Steady." *Offshore Mag*, 1 March: 71.

Krauss, C. 2010. "A Behind-the-Scenes Firm in the Spotlight." *The New York Times*, 25 May.

Malek, C., L. Hermann, and J. Copus. 2009. "Chasing the Pendulum." Global Markets Research. London: Deutsche Bank.

McBarnet, A. 2011. "Leap of Faith for Dolphin." *Oil Online* [Online], 6 September. Accessed 5 September 2012. http://www.oilonline.com/default.asp?id=259& nid =19274 & name=Leap+of+faith+for+Dolphin.

McBarnet, A. 2012. "Call for Better Margins." *Petroleum Review* [Online]. Accessed 5 September 2012. http://content.yudu.com/Library/A1vx02/PetroleumReview March/resources/16. htm.

McFarland, J. 2009. "How Do Seismic Surveys Work?" *Oil & Gas Lawyer* [Online], 15 April. Accessed 8 April 2012. http://www.oilandgaslawyerblog.com/2009/04/ how-do-seismic-surveys-work.html.

McKinsey.1997. "Alliances in Upstream Oil and Gas", *The McKinsey Quarterly*, Number 2, David ERNST, Andrew M.J. STEINHUBL

Moore, J. 2006. "Seismic Market Report: Issues and Trends." *World Oil*, November.

National Commission. 2011. "Report to the President: Deepwater, the Gulf Oil Disaster and the Future of Offshore Drilling." National Commission on the BP Deepwater Horizon Oil Spill and Offshore Drilling, January.

Natural Gas. 2011. Exploration. *NaturalGas.Org* [Online]. http://www.naturalgas.org/naturalgas/exploration.asp.

NBC News. 2007. "Oil Drillers Transocean, GlobalSantaFe to Merge." *Associated Press* [Online], 23 July. Accessed 5 September 2012. http://www.msnbc.msn.com/id/19911184/ns/business-oil_and_energy/t/oil-drillers-transocean-global santafe-merge/.

Noble. 2011. "Towering Above: 2011 Annual Report." Accessed 5 September 2012. http://www.noblecorp.com/assets/Docs/AR1 1/NE-AR2011 .pdf.

Noble. 2012. "Towering Above: A Brief history of a Great Company." Accessed 1 December 2012. http://www.noblecorp.com/assets/flipbooks/Noble-History/ index.html.

NY Times. 2007. "Transocean and GlobalSantaFe to Merge." *The New York Times* [Online], 23 July. Accessed 5 September 2012. http://www.bloom berg.com/news/2011 -08-15/transocean-reports-all-cash-voluntary-offer- to-buy-aker-drilling.html.

Offshore. 1995. "Exploration 3D Seismic Boosting Wildcat Success, Reducing Well Count." *Offshore Mag*, 1 April: 55.

Offshore. 1996. "Frontier Exploration: Remote and Deepwater Frontier Areas Seeing More Exploration." *Offshore Mag*, 1 April: 56.

Offshore. 1999. "Driller Consolidation Begins but Will It Continue." *Offshore Mag*, 8 January: 59.

Offshore. 2000. "Drilling Rig Contractor Mergers May Not Be Over Yet." *Offshore Mag*, 1 October: 60.

Offshore. 2007. "Top 10 Drilling Contractors: Rig Utilization Stands at 100% Around the Globe." *Offshore Mag*, 1 February: 67.

Offshore. 2008. "US Gulf Rig Market Wanes; Rest of World Prospers." *Offshore Mag*, 1 February: 68.

Offshore. 2009. "Rig Market Adjusts to Economy, Oil Price." *Offshore Mag*, 1 February: 69.

Offshore. 2010. "Top 10 Offshore Drilling Contractors: Modest Recovery Possible in Offshore Rig Market." *Offshore Mag*, 1 February: 70.

Offshore. 2011a. "Rig Market Review: Reviewing the World Offshore Rig Market."

Offshore Mag, 1 February: 71.

Offshore. 2011b. "Worldwide Seismic Vessel Survey." *Offshore Mag,* March [Online]. Accessed 19 December 2012. http://www.offshore-mag.com/content/dam/etc/medialib/platform-7/offshore/maps-and_posters/l103off-vessel-survey.pdf.

Offshore. 2012. "Top 10 Drilling Contractors: Drilling Contractors Ready Fleet for Upcoming Activity." *Offshofe Mag*, 1 February:72.

Offshore. 2013. "Worldwide Seismic Vessel Survey." *Offshore Mag*, March [Online]. Accessed 19 June 2015. http://www.offshore-mag.com/content/dam/offshore/ print-articles/Volume%2073/03/0313-seismic-vessel-survey.pdf.

OFT (Office of Fair Trading). 2000. "Completed Merger of the Surface Seismic Data Acquisition and Data Processing Interests of Schlumberger Limited and Baker Hughes Incorporated." Accessed 20 March 2011. http://www.oft.gov.uk/OFTwork/mergers/mergers_fta/mergers_fta_advice/schlumberger.

OGJ. 1999. "Sedco Forex Offshore to Merge with Transocean." *Oil & Gas Journal* 97(29).

OGP & IAGC (International Association of Oil & Gas Producers & International Association of Geophysical Contractors). 2011. "An Overview of Marine Seismic Operations."

Oil Voice. 2009. "PGS to Sell Onshore Seismic Business to Geokinetics." *Oil Voice* [Online], 3 December. Accessed 15 December 2010. http://www.oilvoice. com/n/PGS_to_Sell_Onshore_Seismic_Business_To_Geokinetics/f8a503a2d.aspx#ixzz2CyA8QOMn.

PGS. 2011. "Annual Report 2011." Accessed 15 July 2012. http://www.pgs.com/pageFolders/40374/Annual_Report_2011.pdf.

Reinhardsen, J.E. 2012. "President & CEO Presentation." Pareto Securities Oil & Offshore Conference, 13 September.

Reuters. 2011. "Hercules Offshore, Inc. Signs Purchase Agreement to Acquire Assets of Seahawk Drilling." *Reuters* [Online], 11 February. Accessed 5 September 2012. http://www.reuters.com/article/2011/02/11/idUS228941+11-Feb-2011+PRN20110211.

Reuters. 2012. "Shell Admits Arctic Drilling Defeat, for Now." *Reuters* [Online], 17 September. Accessed 20 October 2012. http://www.reuters.com/article/2012/09/17/royaldutchshell-idUSLlE8KHHA120120917.

Rigzone. 2012a. "How Do Drilling Fluids Work?" *Rigzone* [Online]. Accessed 30

September 2012. http://www.rigzone.com/training/insight.asp?i_id=291.

Rigzone. 2012b. "How Does a Drill Bit Work?" *Rigzone* [Online]. Accessed 30 September 2012. http://www.rigzone.com/training/insight.asp?i_id=326.

Rigzone. 2012c. "How Does Well Completion Work?" *Rigzone* [Online]. Accessed 30 September 2012. http://www.rigzone.com/training/insight.asp?i_id=326.

Rigzone. 2012d. "Offshore Rig Day Rates." *Rigzone* [Online]. Accessed 30 December 2012. http://www.rigzone.com/data/dayrates/.

Rigzone. 2012e. "Rig Report: Offshore Rig Fleet by Manager." *Rigzone* [Online]. Accessed 30 September 2012. http://www.rigzone.com/data/rig_report.asp?rpt=mgr.

Schlumberger. 2010a. "Full Year 2010 Results." Accessed 26 September 2012. http://investorcenter.slb.com/phoenix.zhtml?c=97513& p=irol-resultsNewsArticle&ID=1518462&highlight=.

Schlumberger. 2010b. "Schlumberger Cited for Knowledge Management." *Schlumberger News* [Online], 3 December. Accessed 16 August 2012. http://www.slb.com/news/inside_news/2010/2010_0312_make_award.aspx.

Schlumberger. 2011. "Annual Report 2011." Accessed 26 September 2012. http://investorcenter.slb.com/phoenix.zhtml ?c=97513&p=irol-reportsannual.

Schlumberger. 2012a. "About Schlumberger: History." Accessed 16 May 2012. http ://www. slb.com/about/history.aspx.

Schlumberger. 2012b. "Company Information: Backgrounder." Accessed 16 May 2012. http://www.slb.com/about/who/backgrounder.aspx.

Schlumberger. 2012c. "Diagram of Rig Types and Operating Environments." *Oilfield Glossary* [Online]. Accessed 16 May 2012. http://www.glossary.oilfield.slb. com/en/Terms/r/rig.aspx.

Schlumberger. 2012d. "Knowledge Management." Accessed 16 August 2012. http://www.slb.com/services/westerngeco/services/dp/people/km.aspx.

Schlumberge. 2012e. "Total Joins Chevron and Schlumberger Collaboration on Development of the INTERSECT Next-Generation Reservoir Simulator." *Schlumberger Press Release* [Online], 26 July. Accessed 16 August 2012. http://www. slb.com/news/press_releases/2012/2012_0726_intersect_collaboration_pr.aspx.

Schlumberger. 2014. "Annual Report 2014." Accessed 26 May 2015. http://investorcenter.slb.com/phoenix.zhtml?c=97513&p=irol-reportsannual.

Sea Drill. 2015. "Fleet Status Report." *Sea Drill* [Online], 6 May. Accessed 5 June 2015. http://www.seadrill.com/ ~ /media/Files/S/Seadriil/our-fleet/sdrl-fleet- status-q4-2014.pdf.

Strahan, A. 2007. "Transocean to Acquire GlobalSantaFe for $17 Billion (Update7)." *Bloomberg* [Online], 23 July. Accessed 23 July 2007. http://www.bloomberg. com/ apps/news?pid=newsarchive & refer=home & sid=avjX0oYyowNA.

Team, T. 2012. "What the Cameron Subsea Deal Could Mean for Schlumberger." *Forbes* [Online], 27 November. Accessed 2 December 2012. http:// www.forbes. com/sites/greatspeculations/2012/11/27/what-the-cameron-subsea-deal-could-mean-for-schlumberger/.

TGS. 2011. "Annual Report 2011, See the Energy." Accessed 26 September 2012. http://www.tgs.com/uploadedFiles/Investor_Relations_Zone/ Form_-_Annual_Report/AR2 011 FINAL.pdf.

Total. 2012. "Geophysics Context." *Total Technohub, Total's Exploration & Production Techniques Magazine.*

Transocean. 2007. "Transocean Inc. and GlobalSantaFe Corporation Agree to Combine." *TransoceanPressRelease*[Online],23 July. Accessed23 July 2007.http:// www. slb.com/news/press_releases/2012/2012_0726_intersect_collaboration_pr.aspx.

Transocean. 2011. "Proxy Statement and 2011 Annual Report." Accessed 5 September 2012. http://media.corporate-ir.net/media_files/irol/11/113031/AR-2011/ HTML2/default.htm.

Transocean. 2012. "Our Company: Our History." Accessed 1 December 2012. http://www.deepwater.com/fw/main/Our-History-3.html.

Udall, R., and S. Andrew. 2008. "The Offshore? Good Luck, Bad Luck and Mukluk." *Energy Bulletin* [Online], 11 September, http://www.energybulletin.net/stories/2008-09-11/offshore-good-luck-bad-luck-and-mukluk.

UK Parliament. 2011. "Challenges of Deepwater Drilling." 6 January. Accessed 20 March 2011. http://www.publications.parliament.uk/pa/cm201011/cmselect/cmenergy/450/45005.htm#nl.

Veritas. 2005. "Annual Report 2005, Form 10-K." Accessed 26 September 2012. http://www.cggveritas.eom/data/1/rec_docs/109_Annual_Report_2005.pdf.

Visiongain. 2011. "The Advanced Oil & Gas Exploration Technologies Market 2011-2021." 22 September. Accessed 25 November 2011. https://www. visiongain.com/

Report/687/The-Advanced-Oil-Gas-Exploration-Technologies- Market-2011-2021.

Weatherford International. 2011. "Annual Report 2011." Accessed 5 December 2012. http://www.weatherford.com/weatherford/gfoups/web/documents/weatherfordcorp/annualreport2011.pdf.

West, J., A. Walker, and M. Pickup. 2011. *Offshore Rigs: Is the Next Wave of Consolidation on the Horizon*? Equity Research. London: Barclays Capital.

Wethe, D. 2012. "Transocean Beats Analyst Expectations with Rig Cost Control." *Bloomberg* [Online], 2 August.

Wethe, D., and M. Stigset. 2011. "Transocean Offers Double Market Value for Aker Drilling." *Bloomberg* [Online], 15 August. Accessed 5 September 2012. http://www.bloomberg.com/news/2011-08-15/transocean-reports-all-cash-voluntary-offer-to-buy-aker-drilling.html.

第 5 章　结论

正如本书所述，国家石油公司、合资伙伴公司、国际石油公司、油服公司以及其分包商通过一系列的合同相互联系，油气行业的运转建立在这种联系的基础之上。由于本书主要关注国际石油公司和油服公司，结论部分将着重针对这两类公司进行阐述。

本书提出的主要问题是近年来国际石油公司和油服公司之间的关系发生了多少变化、引起这种变化的原因以及这种变化对石油行业中公司的本质产生的影响。最终研究结果分为三类：可靠的强结论、推定的弱结论和尚无明确结论的研究结果。

第一个强结论是纵向去一体化以及由此带来的国际石油公司协调职能的增加。由于 20 世纪 90 年代的低油价导致财务回报不断降低，伴随着行业技术进步和 IT 技术发展，油气行业中的业务外包也在增加。国际石油公司运营项目的模式由原来的依靠自身内部开展所有业务变化为非核心业务外包的纵向去一体化模式。这种模式下，油服公司在国际石油公司的管理下提供项目运营所需的技术和服务。由此，国际石油公司有意识增加了其在价值链中的协调工作，并开始履行作为核心行业整合人的一体化整合职能。

核心行业整合人这一职能中的"一体化"概念，与油气行业上游和下游价值链一体化不同。尽管国际石油公司确实经常被称作"一体化石油公司"，因为它们参与石油行业的整个链条——从油气勘探到炼化产品销售——本文所述的"一体化"指的是在油气价值链的上游部门对油服公司提供的技术和服务进行集成和整合。换句话说，国际石油公司不仅是上下游"一体化"的公司，还是上游部门中将各种技术和服务进行"一体化"整合的核心整合人。

随着纵向去一体化的不断加深，为了成功完成整合人职责，国际石油公司不断加强自身对各项技术、服务和供应商优劣势的了解水平。它们将勘探、钻井、测井、完井、建造生产平台和水下系统所需的技术进行集成和整合，使这些技术和服务活动结合为一个完整的大型项目。国际石油公司会结合每个项目的特点决定所需的服务组合，并确保所有参与的油服公司能够很好地协同运转。换句话说，国际石油公司作为核心整合人，集成并协调众多油服公司完成其在油田现场开展的各种服务活动，因此成为了选定油田开发最佳服务组合和最优结构方面的专家。

第二个强结论是关于油服行业结构的演变。作为国际石油公司的供应商,它们或者通过保持小而精的特色,或者通过发展并不断扩大服务范围的方式来强化自身地位和竞争力。油服行业已经不断呈现两极分化结构,以大型公司和小型公司并存、中型公司不断减少为标志。

业务外包的不断增加、国际石油公司的成本控制压力和石油发现所处环境日趋复杂,使得对拥有高新技术的大型油服公司的需求不断增加,这导致了一些油服公司进行了企业合并。在这些公司上下游的价值链中也可以观察到"瀑布效应",在大多数服务领域,大型油服公司开始崛起,如物探服务领域的法国地球物理公司(CGG Veritas)和西方奇科公司(WestGeco),钻井领域的越洋钻探公司(Transocean)和诺贝尔公司(Noble),油井服务领域的斯伦贝谢公司和哈里伯顿公司。大型油服公司的年度增长率平均为10%。根据麦肯锡咨询数据,2012年油服公司的税前收入约为7500亿美元(经济学人,2012)。与此同时,专注于专项技术的小型公司也依然存在,直到它们成长为中型公司,随即被大型公司收购。尽管在油服行业的大多数领域仍然存在相当数量的竞争,大型油服公司的优势各有不同,小型公司占有特殊的专项技术,对复杂技术的需求,仍然超过了为具有技术挑战性的、偏远地区项目(如超深水项目)提供服务的能力。

第三个强结论是关于国际石油公司和油服公司关系的演进。石油行业中,油田从发现到生产可以跨越10年,技术方面的挑战也与日俱增,国际石油公司和油服公司之间形成复杂且深厚的合作关系是难以避免的。尽管以市场价格招标是行业规范,但国际石油公司和油服公司之间的关系早已远远超越市场公允价格交易。

首先,油服公司会根据国际石油公司的需求来定制服务。例如,为了迎合国际石油公司积极参与的不断发展的深水市场,越洋钻探公司将其船队进行了调整重组:2012年越洋钻探公司宣布出售38台潜水钻机,同时与壳牌公司签订了10年期合同,为壳牌公司提供4艘新建的超深水钻井船(Team,2012)。

其次,油服公司在开发新技术、制订研究项目方向时,与国际石油公司就项目需求进行详细沟通。研发活动受到国际石油公司的巨大影响,或因国际石油公司提供研发思路,或因其对能在更具挑战性环境下勘探和开采石油的先进技术的需求。基于国际石油公司引导的发展趋势,油服公司对新技术进行相应投资,同时国际石油公司和油服公司间不断进行技术交流。举例来说,BP公司发起了三维宽方位角地震方法的研发,后续由法国地球物理公司按BP公司的要求完成了研发(BP,2012)。此外,改变了行业内找油方式的三维地震技术最早由埃克森公司在1963年发明,后续由物探公司完成了开发(埃克森美孚,2007)。另一个例子是油服公司开发出适用于在高温高压这种严苛条件下工作的开采设备。2008年,道达尔公司与哈里伯顿公司签署协议共同开发了一套超高温高压测量仪和随钻探井感应器。除了引导总体上的研发方向外，国际石油公司还通过参与联合研发或向小型技术公司提供种子基金的方式支持油服公司的研发活动。油服公司的研发活动从以自我为中心的内部发展模式逐渐转变为有国际石油公司参与联合研究和提供资金支持的外向型模式。研发过程中，国际石油公司的财务支持和参与对油服公司非常重要，因为这体现了国际石油公司对双方关系的一种承诺，并且确保了研发的产品能满足终端客户需要。

除了影响研发活动，国际石油公司还直接影响油服行业的结构。这种影响既包括有意识的影响（如国际石油公司去支持一家实力强劲的油服公司的竞争者，以防其形成垄断），也有无意识的影响，一个例子是国际石油公司在20世纪90年代压缩开支给油服行业带来价格压力，导致油服行业出现了大规模的公司合并。另一个无意识影响是国际石油公司对大量先进技术服务的需求对油服公司造成的影响。国际石油公司对能为高技术高难度的大型项目提供复杂且符合安全环保标准服务的油服公司的需求催生了斯伦贝谢公司、哈里伯顿公司和越洋钻探公司等大型油服公司。为了满足国际石油公司的需求，油服行业发生了多起收购合并案，例如斯伦贝谢公司为了扩展其服务产品序列，过去10年间购买了超过30家公司。另一个例子是为了与德西尼布公司（Technip）和塞班公司（Saipem）等大型公司竞争，Acergy 和 Subsea7 在2010年进行了合并。此次合并中，两家公司都称"合并受到开发更严苛环境下偏远油田的需求驱动，合并后的新公司将能更好地满足规模和技术复杂性均在增长的海上项目的需求"（Goldstein, 2010）。因此，国际石油公司通过有意识的行为和其发起的行业趋势，对油服行业的结构产生了很大影响。

此外，在服务进行的过程中，国际石油公司会对油服公司的日常操作进行广泛细致的管理。由于每一个油田开采方式都有自己的独特之处，国际石油公司会确定所有技术细节和技术指标，并对日常的作业活动进行管控。国际石油公司和油服公司的员工都在油田现场，并经常在一处共同办公。国际石油公司设定业务标准并要求所有的服务商遵守这些标准，例如为了强调安全作业和环保方面的义务，壳牌公司告知油服公司"如果你选择打破这些规则，那你也选择了不再为壳牌公司工作"（Wetselaar, 2012）。

最后一个强结论是国际石油公司的协调整合职能不断增强。国际石油公司成为石油行业整合人的这一角色定位，油服行业结构的变化以及国际石油公司和油服公司关系的演变，都对石油行业中公司的本质形成了影响。传统上存在于国际石油公司、油服公司甚至国家石油公司之间的清晰边界变得模糊起来。公司间的边界受到了各公司强大的合作驱动力、日常作业活动中不断增加的公司间协作以及深度整合、长期合作策略等方面的挑战。与从前管理内部生产要素不同，当前，核心公司——在油气行业中为国际石油公司在管理着外部公司，即油服公司提供的生产要素。为了满足国际石油公司具有挑战性的需求，例如在更深的水域和更复杂的地质条件下完成钻进目标，油服公司或者设立研发项目，或者组建联合公司，或者收购拥有特定服务能力的公司。油服公司同时还要在国际石油公司严格的现场管理下开展工作，具体的工作要求和工作范围都由国际石油公司确定。正如我们在第3章BP公司墨西哥漏油事故分析中所看到的，尽管法律诉讼尚无定论，油田现场的职责和事故责任，最终还是要由作业者，也就是国际石油公司来承担。

研究还形成了两个推定的弱结论。第一个是评估相对于其他行业中核心公司作为行业整合人对行业供应链进行的管理，石油行业在多大程度上遵循了同样的模式。第二个是关于国际石油公司和油服公司关系的周期性变化。

首先，对于第一个问题，油气行业是否遵循其他行业的整合模式，我们的答案是肯定的，之前也已经进行了探讨。两者有大量的共同之处。包括油服行业的合并、国际石油公司和油服公司在研发活动中的联合研究的共同投资、国际石油公司主导行业的技术进步方向、国际石油公司和油服公司工作中的密切配合、集中采购，以及从降低成本到满足技术要求等方面对供应链中各要素进行的管控。

另一方面，在油气行业中，国际石油公司的整合协调职能，也存在一些特殊限制。第一，如何进行招标和议价，国际石油公司受到来自资源国、国家石油公司或合作伙伴的限制，大多数情况下都存在明确的限定规则。国际石油公司对供应商的选择会受到合作伙伴和国家石油公司的招标政策和其他规定的限制，例如本利化率要求或招标有参与标者的最低数量要求。

第二，石油行业供应链中，终端产品是石油，与汽车或飞机等装配制造的产品不尽相同。在制造行业，各种配件的成本非常重要，因为这些配件会被组装成终端产品。在勘探与生产项目中，油服公司的费用也同样重要，因为这是国际石油公司的主要支出。然而，这个支出本身并不是影响油田盈利能力的决定性因素，油田的价值是由发现的储量规模和国际市场油价决定的，这两者都存在不确定性。此外，与其他行业相比，油气行业的整合人要面对更高的不确定性。在制造业，行业的整合人负责制订生产计划和组装终端产品，承担的风险很小，面临的不确定性也随着生产工序的进行不断降低。在油气行业，行业整合人在设计和开发油田的同时，还要承担地下的不确定性风险。任何一个油田的盈利能力都始终存在着高度的不确定性，这种关于终端产品的不确定性在其他很多行业都不存在。油气行业整合人不仅要承担价值链的整合工作，还要承担未知的风险。而且油气行业中大部分设备和服务都是专门为了某一具体项目定制的，由于每个油田的情况都各不相同，大批量标准化生产服务设备的情况非常有限，国际石油公司要求的

第5章 结论

技术服务需要按照每个油田的开发的特点进行定制,每项技术服务都融合了新的技术概念和技术进步。在供应链中,研发环节至关重要,因为技术和设备的进步对于勘探成功率和提高原油采收率起着重要作用。这种技术服务的定制化与汽车和飞机制造业的情况不同,这些行业主要的参与公司重复大量生产相同产品,而在油气行业,尽管每个油田都要用到管材、阀门和钻井船等设备,但大多数设备和服务是需要定制化的。

最后,在汽车和飞机制造等行业中,一般会有一到两家主要的整合公司。例如在飞机制造业中,大多数供应商都为波音或空客提供产品与服务,而在石油行业,油田服务可以向国际石油公司、独立石油公司或国家石油公司等众多客户提供。由于这些差异的存在,石油行业的核心整合人的整合协调职能受到很多固有的限制。

关于周期性关系,大多数行业专家都认为在供应链中,国际石油公司和油服公司之间的关系存在很明显的周期性,双方的力量均势随着油价波动而出现倾斜,油价和世界宏观经济的波动是双方周期性关系最重要的影响因素。高油价会促进油气勘探和油田开发活动的增加,导致油服公司工作量的增加和闲置产能的降低,当油价处于高位时,油服公司会要求较高的服务价格,并可以同国际石油公司争取到更好的合同条款,风险分担和利润分配都更有利于油服公司。相反,当油价处于低位时,国际石油公司勘探和评价新油田的积极性降低,这减少了对油服公司的需求,服务和设备的过剩使得国际石油公司可以同油服公司争取到更好的合同条款,风险和利润的天平也会向国际石油公司倾斜。几乎所有的受访者都认为油价变动是影响国际石油公司和油服公司关系的首要因素。尽管如此,可公开获得的依据仍然十分有限,在低油价时期,并没有观察到联合研发活动的减少,国际石油公司和油服公司之间关于风险分担的合同条款也处于保密状态。

尚无结论的研究结果可以分为两方面:国际石油公司重要性的降低和业务的外包程度。第一个方面讨论的是国家石油公司的崛起伴随国际石油公司重要性的降低。Robin West,油气咨询公司PFC能源主席说道:"最初的'石油七姐妹'在业内享有如此重要的地位,源于它们是规则的制订者,它们控制着市场和整个行业,现在新的'七姐妹'(指国家石油公司)成为规则的制订者,国际石油公司成为规则的接受者"(Hoyos,2007)。在储量控制方面,相比国家石油公司,国际石油公司对储量和产量的所有权和控制权不断下降,这使得国际石油公司处于不利地位,促使了它们转向开发巨型或高技术难度的油田,从而影响了它们与油服公司的关系(Jafffe和Soligo,2007)。然而这种转变究竟增加还是降低了国际石油公司对油服公司的影响,目前尚无定论。虽然现在油服公司为国家石油公司服务的油田项目数量更多,但国际石油公司仍然是其关键客户,因为国际石油公司通常运营着规模更大、技术难度更高的项目，需要更多的与油服公司的合作。也因此，国际石油公司仍然对油服行业的技术进步起到重要影响。

第二个方面，对于行业纵向去一体化的程度和业务外包的种类，行业内一直在进行深入的思考。国际石油公司在内部保留某些业务和开展纵向去一体化方面已经形成共识。一部分受访者认为国际石油公司在业务外包责任转移方面受到了限制，并且正变得过于依赖油服公司，油气业务也越来越依赖那些只能由油服公司提供的先进技术。业务外包使国际石油公司受制于只能由少数油服公司提供的特定技术服务（Economist，2012）、市场的紧俏性及其不断增长的服务费用。但是，也有其他受访者认为，每一类公司开展的业务和承担的风险各不相同，只要国际石油公司保持集成整合最好的技术服务的能力，并承担储量风险，其地位就不会遭受威胁。因此，关于这一研究结果，目前并没有明确的结论。

总而言之，国际石油公司和油服公司之间的关系为行业整合人对供应链进行深度整合提供了一个很好的案例，让我们有机会深入了解在现代全球化的背景下公司本质的变迁。当前和未来面临的挑战，使得单独购买各项服务，而缺乏长期供应链管理的传统模式越发过时。如今的发展趋势显示，油气行业未来将会有更加深刻而广泛的供应链整合，所有行业内的公司都需要发展转变其商业模式，以适应新的发展趋势。

参 考 文 献

BP. 2012. "Ground-Breaking Technologies." *BP Subsurface* [Online]. Accessed 1 December 2012. http://www.bp.com/extendedsectiongenericarticle.do?categoryId=9037387 & contentId=7068780.

Economist. 2012. "The Unsung Masters of the Oil Industry." *The Economist*, 21 July.

ExxonMobil. 2007. "Analyst Meeting." 7 March. Accessed 1 June 2012. http://sec.edgar-online.com/exxon-mobil-corp/8-k-current-report-filing/2007/03/13/Section7.aspx.

Goldstein, S. 2010. "Acergy, Subsea 7 Rally on $5.4 Billion Merger." *The Wall Street Journal*, 21 June.

Hoyos, C. 2007. "The New Seven Sisters: Oil and Gas Giants Dwarf Western Rivals." *The Financial Times*, 12 March.

Jaffe, A.M., and R. Soligo. 2007. "The International Oil Companies." The James A. Baker III Institute for Public Policy, Rice University. Accessed 24 January 2009. http://www.bakerinstitute.org/programs/energy-forum/publications/ energy-studies/docs/NOCs/Papers/NOG_IOCs Jaffe-Soligo.pdf.

Team, T. 2012. "Shell's Record Transocean Deal Shows the Importance of Ultra-Deepwater." *Forbes* [Online], 10 February. Accessed 2 December 2012. http://www.forbes.com/sites/greatspeculations/2012/10/02/shells-record-trans ocean-deal-shows-the-importance-of-ultra-deepwater/.

Wetselaar, M. 2012. "Global Opportunities, Local Approaches." *Trends and What They Mean for Contractors*. Deloitte—Dutch Oil & Gas Conference 2012.

附录：本书研究方法

　　石油行业的行业结构，以及国际石油公司和油服公司之间的关系在持续不断的演进，许多产生影响的变量因素随时间推移不断变化。单纯通过设计实验、组织调查和档案分析的方式是无法对这些相互交错的变量进行彻底研究的。为了得出符合预期的研究结果，探索行业现象及商业环境，我们需要一套完整的研究策略，包括观察、访谈、档案分析以及具体的公司研究。案例研究被视为最适宜的研究方式，因为"案例研究是一种实证性研究，在现实环境中对观测到的现象进行深入探讨，这一方式对于现象和现实环境的边界并不清晰时尤为有效"（Yin，2003，13）。另外，对一系列同时发生的事件提出"怎样发生"和"何时发生"类的问题，此时案例研究也被认为是最恰当的方式。如本书第4章内容即是通过案例研究得出的结论。

　　本书对于石油行业为何改变、怎样改变以及变化的程度等问题进行了探索，重点关注国际石油公司和油服公司之间的关系，对国家石油公司和独立石油公司仅做简单描述。由于油服行业范围非常广泛，我们选取了三个行业内的分支部门来研究上述关系：海上钻井服务、物探服务和油井服务。

　　本书写作过程中查阅参照了广泛的文献资料，从图书、文章到相关行业新闻、论文和各公司发布的数据内容。在研究BP公司的马康多事故等近期发生的事件时，新闻及专业调查报告被认为是最好的资料来源；行业论文、公司年报在进行第4章行业部门的案例分析中最具有实用参考价值。

　　为了能对本书的选题有更深入的理解，我们的半结构化访谈对象不但包括主要的国际石油公司和油服公司，还包括国家石油公司及独立油公司的雇员，以及各大学、研究机构和专业行研公司和投资银行中专注相关领域的研究人员。全部39位受访者均在其各自的访谈领域中从业多年，就职在关键岗位，对访谈题目有深刻的理解与见地。受访者从公司首席执行官、财务总监等公司管理层到直接在油田现场工作的资深工程师和项目经理，就职领域多样化。这种设计安排确保访谈可以收集到从高层战略视角到对日常工作深刻理解的范围宽广的各类观点。其中33位受访者的访谈在伦敦、巴黎、休斯顿、剑桥等地通过面对面方式进行，由于时间和日程安排紧张，6位受访者通过电话接受访谈。在研究进行阶段，作者及团队还参与了6场相关会议及主题演讲。

参 考 文 献

Yin, P.K. 2003. *Case Study Research: Design and Methods.* London: Sage.